novum pro

CONNY SCHERRER

MEINE CHINESISCHE FREUNDIN

über Freundschaft, Akupunktur und die Verschiedenheit der Kulturen

novum pro

Bibliografische Information
der Deutschen Nationalbibliothek:

Die Deutsche Nationalbibliothek verzeichnet diese Publikation in der Deutschen Nationalbibliografie. Detaillierte bibliografische Daten sind im Internet über http://www.d-nb.de abrufbar.

ISBN 978-3-99107-287-4
Lektorat: Isabella Busch
Umschlagfotos:
Wolfgang Kraus, M C Studios, 9dreamstudio | Dreamstime.com; Conny Scherrer
Umschlaggestaltung, Layout & Satz: novum Verlag
Innenabbildungen: Conny Scherrer

Gedruckt in der Europäischen Union auf umweltfreundlichem, chlor- und säurefrei gebleichtem Papier.

www.novumverlag.com

Mit dieser Geschichte möchte ich angehenden oder neu praktizierenden Akupunkteurinnen einen Einblick in den Alltag der Akupunkturbehandlung geben, meine bisher gemachten Erfahrungen, Dinge, die man während der Ausbildung nicht lernt, weitergeben, darunter manche Kleinigkeiten, aber auch wichtige Erfahrungen. Ich möchte aber auch Laien Tipps geben, was sie selbst für sich tun können. Und vor allem möchte ich die Geschichte einer wunderbaren Freundschaft erzählen zwischen einer Chinesin, die bis zu unserem Kennenlernen noch nie aus China herausgekommen war, und einer Schweizerin (mir). So soll dieses Buch einiges an Wissen über die Arbeit mit Chinesischer Medizin vermitteln und nebenbei auch die Verschiedenheit der Kulturen aufzeigen. Die Chinesische Medizin ist ein riesiges Gebiet und dieses Buch erhebt keinesfalls Anspruch auf Vollständigkeit.

Ich verwende in diesem Buch ausschließlich die weibliche Form, Männer sind mitgemeint, außer die Aussage handelt nur von Männern.

Doktor Guo wird ebenfalls ihren Teil beisteuern, über ihre Erfahrungen und Eindrücke in der Schweiz berichten und sie wird natürlich auch über Chinesische Medizin schreiben, dabei verwendet sie auch Ausschnitte aus einem Buch, welches sie zusammen mit Professor Guan geschrieben hat.

Herbstliche Bäume erfreuen Guo,
die dies in Kunming, der Stadt des ewigen Frühlings,
so noch nicht kennengelernt hatte

**Meiner lieben Freundin Guo Cuiping gewidmet
mit herzlichem Dank für alles, was ich von ihr
lernen durfte und für ihren Beitrag zu diesem Buch**

Vorwort von Dr. Prof. Guo Cuiping

Die Wahrnehmung der Chinesischen Medizin in der Europäischen Intellektuellen Gemeinschaft vor dem 19. Jahrhundert

Chinesische Medizin in Europa ist kein neues Thema in China, es gibt dort viele spezialisierte Forschungseinrichtungen mit fruchtbaren Forschungsergebnissen. Diese Studien haben ein gemeinsames Merkmal: Sie achten auf die Anwendung und Popularisierung der Chinesischen Medizin im Ausland und auf das Überleben und den Einfluss der Chinesischen Medizin in der heutigen westlichen Gesellschaft. Aber wie kam es zur westlichen Biografie der Chinesischen Medizin und welchen Prozess hat sie durchlaufen? War die Chinesische Medizin vor dem 19. Jahrhundert in den Augen der europäischen Wissenschaftler neu oder alt? Was halten europäische Sinologen von der Chinesischen Medizin? Dies sind die Themen, die Aufmerksamkeit verdienen in der Studie der „Chinesischen Medizin".

Die westliche Medizin und die westliche Deutung der Chinesischen Medizin traten allmählich nach dem 15. Jahrhundert auf, aber die ursprünglichen Arten der Herangehensweise an Krankheiten der beiden sind ganz unterschiedlich. Die Diagnose- und Behandlungsmethode der westlichen Medizin wird durch die Hände und Skalpelle westlicher Ärzte in China demonstriert, und medizinisches Wissen wird durch die chinesischen Bücher und Karten erklärt, die von Jesuiten zusammengestellt wurden, sodass chinesische Ärzte und einfache Menschen die Techniken und Theorien der westlichen Medizin direkt erkennen konnten. Die Chinesische Medizin hingegen gelangte über kommerzielle Kanäle in die europäische Welt, und westliche Kaufleute, Reisende und Missionare brachten oft von östlichen Expeditionen eine beträchtliche Menge chinesischer Medizin und viele Medizin- und Kräuterbücher, einschließlich der Werke alter Heiler, mit. Diese berichteten darüber, wie Krankheiten beobachtet, Patienten behandelt wurden und wie man Medikamente herstellen kann, um mit Krankheiten und menschlicher Schwäche umzugehen. Dieses Verständnis des Gebrauchs der traditionellen Chinesischen Medizin ist nötig beim Studium der Chinesischen Medizin durch westliche Menschen.

Im 16. Jahrhundert vertraten europäische Wissenschaftler gegenüber der östlichen Medizin eine offene Haltung und der Austausch zwischen Ost und West über medizinische Fragen war beidseitig bereichernd. Der Erste, der eine öffentliche Stellungnahme zur Chinesischen Medizin in Europa abgab, war der Anatom der Renaissance und epochale Figur in der Geschichte der europäischen Medizin, Andreas Vesalius. 1543 veröffentlichte er sein Buch „The Construction of the Human Body" , welches die damaligen Erkenntnisse zur Anatomie auf den Kopf stellte, als revolutionär galt und von der europäischen anatomischen Gemeinschaft bekämpft wurde. Vesalius schrieb auch den „Chinesischen Wurzelbrief" (Anmerkung: „Chinesische Wurzel" steht für die Chinesische Medizin) zum Thema Chinesische Medizin in Europa. In dem Buch nannte er Chinas Akzeptanz der „All-in-One-Heilung-Medizin" durch Karl V. als Beispiel und erklärte, dass diese exotische neue Medizin in Europa nicht nur die Unzulänglichkeiten traditioneller Mittel und Therapien ausgleichen kann, er erwähnte auch die unbefriedigende Realität und verteidigte seine eigenen anatomischen neuen Entdeckungen und subversiven Theorien mit der Ansicht, dass neue Technologien oft mit Fortschritt und Defekten koexistieren. Bei der Transformation der europäischen Medizinischen Gemeinschaft vom klassischen Wissen zum modernen Aufklärungsgedanken hatte die Bedeutung des Symbols „chinesische Wurzel" eine Rolle gespielt.

Zu Beginn des 17. Jahrhunderts trat das Wissen der Chinesischen Medizin offiziell in den europäischen intellektuellen Kreis ein. Die Hauptträger waren die Berichte von Missionaren und Reisenden sowie chinesische Bücher von Missionaren in Europa auf der Grundlage verschiedener Berichte, darunter Wei Weis „Chinas neue Karte", Zeng Dezhaos „Großchina", „China es Chart" von Kichel und Duhds „The Whole of the Chinese Empire". Diese Arbeiten beinhalteten mehr oder weniger Aufzeichnungen der Chinesischen Medizin, wobei viele Missionare die Chinesischen medizinischen Behandlungsweisen miterlebten und zu europäischen Naturphilosophen, Naturforschern und Sinologen wurden, um Chinas Grundmaterial zu studieren. Im Zeitraum von 1680 bis 1689 wurden in Europa drei Monografien über die westchinesische Medizin veröffentlicht: „The Guide to Chinese Medicine" von Dr. Carlisle von der Niederländischen Ostindien-Kompanie 1682 und „Akupunktur", zusammengestellt von Dr. Ryan von der Niederländischen Ostindien-Kompanie in Japan 1683. Und 1686 veröffentlichte der deutsche Sinologe Menzel den Schlüssel zur Chinesischen Medizin im Nürnberger Jahrbuch der Wissenschaft, das von Bumig und Carlisle mit unterzeichnet wurde. Diese Arbeiten umfassen Chinesische Medizin in Theorie und Praxis, Zungendiagnose, Akupunkturbehandlung und Kräuterrezepte. Die Diagnose- und Behandlungstechniken der Chinesischen Medizin, die den europäischen Lesern in Form westlicher Sprachen vorgestellt wurden, beseitigten die blinden Flecken des Chinesischen Medizinwissens europäischer Wissenschaftler, eröffneten ihnen einen Kanal, um die Chinesische Medizin zu verstehen und zu studieren, und trieben das „Chinesische Fieber" in Europa zu einem kleinen Höhepunkt. Der Gründer der Royal Academy of Sciences, Herr Hook, der Direktor des Labors, Herr Hyde, Direktor der Bodlian Library an der Universität Oxford, und Herr Sloan, Gründer des British Museum, haben sich dem Forschungsboom angeschlossen.

Hook und Boyle waren repräsentative Persönlichkeiten beim Übergang der europäischen Wissenschaftsgemeinschaft von der traditionellen Naturphilosophie zur modernen Wissenschaft im 17. Jahrhundert, und als sie ihre jeweiligen akademischen Systeme konstruierten und experimentelle Projekte entwarfen, richteten sie alle ihre Blicke auf die Chinesische Medizin und suchten nach den Ressourcen und Informationen orientalischen Wissens und Technologie aus den Schriften der Missionare als Referenzsystem.

Zeitgenössische westliche Gelehrte glauben, dass der Übersetzer von „The Key to Chinese Medicine" Bu Ming der Erste war, der vergleichende Forschungen über chinesische und westliche Medizin anstellte. Dieser war fest davon überzeugt, dass europäische Medizin und Chinesische Medizin in eine neue Kombination überführt werden können. Bu Ming wies zum Beispiel auf die Beziehung zwischen Puls und Zeit hin, der römische Arzt Gallen, der dies lange Zeit studierte, verstand nicht, wie man den Puls misst, und Chinesen fanden einen guten Weg, um ihn nach Zeit zu berechnen.

Bu Ming wollte wissen: „Wie sehen Chinesen die unterschiedliche Qualität des Pulses, und wo unterscheiden sie sich? Wie prognostizieren sie das Fortschreiten der Krankheit, indem sie ihre Kanäle miteinan-

der verknüpfen? Was sind die Gründe für die verschiedenen Kanäle?" Er suchte und fand Antworten in der chinesischen Medizinliteratur und übersetzte die Pulstheorie und die Methode der Diagnose nach Europa. Damals wurde die europäische Wissenschaftsgemeinschaft davon beeinflusst und Wissenschaftler stellten fest, dass chinesische Ärzte „ein hohes Maß an Pulsmesstechniken" hätten, die für diejenigen, die sie nicht beherrschen, undenkbar seien. Aber andere argumentierten, dass diese Art der Diagnose eine alte Technologie sei, die in Europa verloren gegangen und von Ärzten bis nach China beibehalten wurde.

Im 19. Jahrhundert vollendete die europäische wissenschaftliche Gemeinschaft die Aufklärung und trat in die Ära der experimentellen Wissenschaft ein. Die Einstellung zur Chinesischen Medizin veränderte sich grundlegend, es wurde allgemein angenommen, dass Chinas wissenschaftliche Fähigkeiten zwar früh begannen, aber in der Anfangsphase stagnierten. Europäische Sinologen, vertreten durch Remusha, bestanden auf unterschiedlichen Ansichten. Im März 1813 veröffentlichte Remusha während seiner Doktorarbeit an der Pariser Medizinischen Fakultät eine Stellungnahme des französischen Beobachters „The Study of Chinese Medical History". „Chinas wissenschaftliche Entwicklung stagniert und befindet sich in einem Rückschritt, was ist die Grundlage für diese Aussage?", hieß es in dem Artikel. „Sind wir gut genug, um die wissenschaftlichen Schriften Chinas zu verstehen, um zu dem Schluss zu kommen, dass ihr Wert minimal ist? Solche Bücher sind fast völlig unübersetzt, und alle, die chinesische Ignoranz angreifen, sind fast nicht geeignet, zu urteilen. Er zeigte auch mit dem Finger auf Buming und glaubte, dass er die Chinesische Medizin nicht verstehe und dass seine Übersetzung die Essenz der Chinesischen Medizintheorie nicht bewahren könne. Sechs Monate später erhielt er seinen Doktor der Medizin mit dem Titel „Tongue Study – Centered on Chinese Medicine Theory". Remusha gilt als erster Gelehrter in Frankreich und sogar in ganz Europa, der den Vortrag über das Studium der Sinologie, seine Forschungen über die Geschichte der Naturwissenschaften und der medizinischen Unabhängigkeit leitete, die Transformation der Sinologieforschung in die berufliche Richtung leitete und eine neue Ära der europäischen Sinologieforschung einleitete und damit die Situation der Verbreitung und Erforschung der Sinologie unter missionarischer Herrschaft beendete. Der Wissenschaftler, der noch nie in China war, war sein ganzes Leben lang ein unermüdlicher Selbststudien-Chinese und argumentierte, dass die Chinesischen Mediziner zuerst Chinesisch beherrschen müssen. Er glaubte, dass „China kein Land ist, das das Wissen der Naturwissenschaften nicht kennt, es gibt viel Wissen über Naturwissenschaften in ihren Büchern, und dieses Wissen verdient die Aufmerksamkeit von uns Europäern". Darüber hinaus kann in den Reihen der Chinesischen Medizin und der Chinesischen Medizinforschung der Beitrag der russischen Sinologen nach dem 18. Jahrhundert nicht ignoriert werden. Der berühmte Sinologe Gaminsky übersetzte nicht nur Chinesische Medizin- und Kräuterbücher, sondern förderte auch aktiv das Studium der Chinesischen Medizin durch russische Ärzte, und der russische Arzt Baylor hat mit der Erforschung der Chinesischen Medizin und deren Übertragung auf den Westen eine solide Grundlage für die Forschung der späteren Gelehrten gelegt. Derzeit ist die Chinesische Medizin mit ihren einzigartigen Vorteilen in der Prävention, Behandlung und Rehabilitation von Krankheiten weithin anerkannt. Die Stärkung des Studiums der Chinesischen Medizin im Westen wirkt sich positiv auf die Förderung der traditionellen chinesischen Kultur aus. Im Gegensatz zur Anwendung des „chinesischen Medizinfiebers" in Übersee in der Vergangenheit sollte die Erforschung der Verbreitung und des Einflusses der Chinesischen Medizin in Europa vor dem 19. Jahrhundert die Barrieren der chinesischen Geschichte aus der Perspektive der Weltgeschichte öffnen und traditionelle und wissenschaftliche historische Methoden umfassend nutzen, um die westliche Biografie der Chinesischen Medizin in den Kontext der Transformation von Wissenschaft und Wissen in Europa zu stellen. Gleichzeitig sollten wir die traditionellen und modernen, orientalischen und westlichen Anti-Denk-Paradigmen brechen und versuchen, langfristige, interregionale, interdisziplinäre, interkulturelle, umfassende vergleichende Forschungsmethoden zu nutzen, das ost-westliche medizinische Wissenssystem des Dialogs und der Interaktion der Geschichte der akademischen Diskussion.

Hervorzuheben ist unter anderem das Studium der Chinesischen Medizin durch europäische Wissenschaftler und Sinologen. Wir sollten mit der Quelle des Wissens beginnen und das Wissen über die Chinesische Medizin erforschen, das von der europäischen intellektuellen Gemeinschaft akzeptiert wird, sowie die Informationen über die Chinesische

Medizin, an denen sie interessiert sind. Einige Wissenschaftler untersuchen das vollständige Bild der Chinesischen Medizinbücher in großen europäischen akademischen Institutionen und Bibliotheken, einschließlich der Manuskripte und Volksstiche, die für die akademische Gemeinschaft nicht von Bedeutung sind. Wir sollten den Inhalt der Chinesischen Medizin aus der chinesischen Literatur des 16. Jahrhunderts durchkämmen, einschließlich der chinesischen Medizinübersetzung, der naturalistischen Werke, wissenschaftlichen Arbeiten, Handelsaufzeichnungen und chinesischen Einführungsbüchern. Diese Papiere analysieren die Position, das Bild und die Eigenschaften der Chinesischen Medizin im westlichen System zu verschiedenen Zeiten sowie die Entwicklung der Erkenntnis der Chinesischen Medizin durch den europäischen intellektuellen Weisen. Um die Chinesische Medizin auf dem Gebiet der europäischen Wissenschaft vor dem 19. Jahrhundert zu erforschen, achten Wissenschaftler auf deren Techniken und Methoden, erforschen den Dialog und die Interaktion zwischen den beiden großen medizinischen Wissenssystemen von Ost und West aus der Perspektive der Wissenschaftsgeschichte und der Naturwissenschaften, erforschen die Chinesische Medizin auf dem Gebiet der europäischen Sinologen im 19. Jahrhundert und analysieren den Zusammenhang zwischen dem Aufstieg der europäischen Fachsinologie und der Chinesischen Medizin. Sinologen sind daran interessiert, die historischen und kulturellen Merkmale der Chinesischen Medizin zu analysieren. Betrachtet man die Veränderungen in der medizinischen Perspektive in der Untersuchung europäischer intellektueller Kreise über verschiedene Zeiträume und die daraus resultierenden unterschiedlichen Kognitionen, analysiert dieses Papier, wie sich die unterschiedlichen Einstellungen der Gruppen von Wissenschaftlern und der Sinologen entwickelt haben. Durch die Studie zur Bildung des gesunden Menschenverstandes der Chinesischen Medizin in der westlichen Gesellschaft wurde der Konsens erreicht, die Chinesische Medizin unter dem wissenschaftlichen Paradigma zu interpretieren.

Noch ein Vorwort von Conny Scherrer

Im Chinesischen gibt es in der gesprochenen Sprache keinen Unterschied zwischen männlicher und weiblicher Form, es gibt ihn jedoch in den Schriftzeichen. Die deutsche Sprache ist immer noch sehr männlich geprägt. In der Schweiz begrüße ich es, dass die meisten Medien immer beide Formen verwenden, wenn die Aussage Frauen und Männer betrifft. Dennoch scheint mir dieses Bewusstsein, wie sehr uns die Sprache prägt und wofür wir uns schon vor Jahrzehnten eingesetzt haben, auch in der Schweiz wieder nachzulassen. In Deutschland konnte die weibliche Form sowieso nie richtig Fuß fassen. Wenn eine Frau in einer Frauengruppe zum Beispiel sagt: „Jede**r** nimmt ein Kissen“, finde ich das schon fragwürdig. Auch in der Schweiz, wenn eine Frau zum Beispiel sagt: „Ich bin Lehrer“. Besonders Lehrerinnen sollten doch eine Vorbildfunktion haben. Einige mögen diese Einstellung kleinlich oder fanatisch finden, doch Männer würden niemals akzeptieren, ‚mitgemeint' zu sein. Dies hat sich eindrücklich in der Gemeinde Wädenswil gezeigt, die ihre Gemeindeverfassung auf diese Art herausgegeben hat und gezwungen war, dies innerhalb kürzester Zeit wieder zu ändern.

Ich habe mich entschieden, im vorliegenden Buch vorwiegend die weibliche Form zu wählen, Männer sind mitgemeint (außer wenn die Aussage ausschließlich Männer betrifft). Ich habe die Hoffnung, dass ich irgendwann noch eine weiblichere und friedlichere Welt erleben werde.

Außerdem freue ich mich, dass Guo Cuiping sich dazu entschieden hat, einige ihrer persönlichen Notizen und Erfahrungen in der Schweiz für dieses Buch zur Verfügung zu stellen. Alles von ihr Geschriebene ist kursiv gedruckt. Und dabei habe ich noch einiges über die Schweiz gelernt; oder hätten Sie zum Beispiel gewusst, dass die Schweiz einmal, wenn auch nur während fünf Jahren, eine dreifarbige Flagge hatte?

Erste Begegnung

Angefangen hatte alles, als sie das erste Mal lächelte. Noch nie habe ich ein bezaubernderes Lächeln gesehen. Dabei lächelte sie mich noch nicht mal an. Sie lächelte nur so vor sich hin. Es war im staatlichen Spital in Kunming, China. Sie arbeitete dort als Ärztin der Traditionellen Chinesischen Medizin im Departement Akupunktur. Als wir den Raum betraten, behandelte sie gerade eine Patientin. Wir, das sind meine Übersetzerin, sie übersetzte für mich vom Chinesischen ins Englische, und ich, die ich kein Wort Chinesisch weder sprach noch verstand. Da ich zu der Zeit die einzige Praktikantin war, hatte ich die Übersetzerin für mich ganz allein. Sie nannte sich Jennifer, damit sich die westlichen Studentinnen den Namen merken konnten (ihren chinesischen Namen kenne ich bis heute nicht, ich glaube, sie nannte sich überall Jennifer, weil sie eine Affinität zum Westen hat). Jennifer deutete jetzt auf die ältere Patientin und die Ärztin und sagte: „Mutter". Die Ärztin, die bis jetzt noch nichts gesagt hatte, verstand anscheinend dieses Wort. Denn dies war der Moment, als das Lächeln, fast nur angedeutet, während sie weiterarbeitete, sie von innen her erstrahlen ließ.

Aber eigentlich begann alles schon viel früher, nämlich als ich mich in Zürich mit Akupunktur behandeln ließ. Und zwar mit so gutem Erfolg, dass mich die Erkenntnis plötzlich, als ich wieder einmal mit Nadeln im Körper dalag, wie ein Blitz traf: Über diese Methode, die so gute Resultate erzielen kann, wollte ich mehr wissen. So informierte ich mich und begann schließlich eine Ausbildung, und dies führte mich schlussendlich nach Kunming zum Praktikum in diesem Spital. Ich war sehr aufgeregt, allein nach China zu fliegen und nicht zu wissen, was mich dort erwartete. Es war die größte Reise, die ich je gemacht hatte. Etwa 22 Stunden nach meinem Abflug in Zürich kam ich, mit einmal Umsteigen, in Kunming an. Nach dem Passieren sämtlicher Kontrollen, nachdem ich meinen Ausweis etwa fünfmal gezeigt und nachdem ich mein Geld in ganz viele Yuan gewechselt hatte, kam ich zum Ausgang und sah die Frau mit dem Schild mit meinem Namen. Jennifer, die beauftragt war, mich abzuholen. Sie begrüßte mich freundlich, wir gingen zu ihrem Auto und sie brachte mich in das Hotel, das sie für mich ausgesucht hatte. Es war ein Hotel der mittleren Preisklasse, ausländertauglich, wie Jennifer meinte, und nicht weit vom Spital entfernt. Von anderen Hotels, näher beim Spital und günstiger, meinte Jennifer, die seien nur für Chinesinnen, weil zu schmutzig. Am Empfang verhandelte Jennifer laut mit der Rezeptionistin und forderte mich dann auf, das Zimmer für den ganzen Monat zu bezahlen. Es war noch nicht die Zeit der Kreditkarten, und so war mir dies recht, um nicht so viel Geld mit mir herumzutragen. Jennifer erklärte mir noch, wie ich zum Spital und dort zur Garderobe komme und verabschiedete sich dann.

Im Hotel

Mein Zimmer ist sehr geräumig, mit zwei großen Doppelbetten und sonst allem, was man so braucht, inklusive einem Wasserkocher und einem Badezimmer mit Badewanne, die beiden Dinge, die mich am meisten freuen. Auf dem einen Bett breite ich gleich alle meine mitgebrachten Kärtchen aus. Ich hatte mir noch zu Hause Frage- und Antwortkärtchen vorbereitet, um in der Freizeit für die Abschlussprüfungen zu lernen. Es sind Hunderte von Kärtchen, die ich nach Themengruppen auf dem Bett sortiere, die dort, großes Bett sei Dank, locker Platz finden. Das kleine Röllchen Toilettenpapier würde nicht weit reichen, so verlasse ich das Hotel nochmals und finde einen kleinen Laden ganz in der Nähe; dort kann ich auch Nescafé und ein Milchpulver kaufen für den ersten Kaffee am Morgen.

Obwohl es im Hotel recht ruhig ist und ich sehr müde bin, kann ich nicht wirklich gut schlafen. Und als ich dann endlich eindöse, klingelt kurz danach, um 23.30 Uhr, mein Zimmertelefon. Aber niemand antwortet. Und nun habe ich Hunger und das war›s dann mit Schlaf. Mit der Zeitumstellung von sechs Stunden ist mein ganzer Rhythmus durcheinander.

Um 8.30 Uhr solle ich im Spital sein, hat Jennifer gesagt. Ich schaue in den Spiegel, meine Augen sind schon jetzt so klein wie die der Chinesinnen und rot vor Müdigkeit. Also zuerst mal Kaffee machen und ein Bad einlaufen lassen, wie zu Hause. Außer dass das Wasser so langsam einläuft, dass ich mit dem Einlaufen eine halbe Stunde früher anfangen muss, um rechtzeitig baden zu können und den Körper wenigstens ein bisschen mit Wasser bedecken kann. Dann ab in den Frühstücksraum: ein großer Raum mit vielen runden Tischen mit gelben Tischtüchern und einer Fensterfront, durch die man auf die Häuser der gegenüberliegenden Straßenseite und auf eine überdimensionale Werbung für einen Film sehen kann. Das Frühstücksbuffet macht mich etwas ratlos: kein Brot, keine Butter und Konfitüre, dafür vieles, was ich nicht kenne. Es ist ein reichhaltiges Buffet mit meist gekochten Speisen. Ich probiere von allem etwas, einiges kann ich gar nicht essen, z.B. eine schleimige Suppe ohne Geschmack oder undefinierbare Würstchen. Aber Gemüse gibt es und Reis mit darunter gerührten Eiern. Dies wird mein Standardfrühstück. Und gekochte Eier gibt es auch, wovon ich eines mit aufs Zimmer nehme für weitere eventuelle Hungerattacken in der Nacht. Dann also Zähne geputzt und auf den Weg gemacht zum Spital.

Der ist einfach: Nach rechts und dann nur noch geradeaus. Weniger einfach ist es, eine Straße zu überqueren. Obwohl es moderne Lichtanlagen mit Männchen gibt, die sogar das Gehen simulieren, kümmern sich die Autofahrer nicht darum, hupen, wenn sich störende Fußgänger auf der Straße befinden, wobei sie den Fuß nicht vom Gaspedal nehmen, sodass man sich besser schnell in Sicherheit bringt. So merkt man rasch, dass man besser nicht auf die Männchen schaut, sondern sich einer großen Gruppe, die sich am Straßenrand sammelt, anschließt, und wenn dann alle gemeinsam gehen, haben die Autos keine Chance. Über große Kreuzungen führen Fußgängerbrücken, ein richtiges Netz, das sich oben in acht Richtungen verzweigt. So eine Brücke ist das letzte Stück meines Weges, von oben blicke ich auf die Straßen hinunter: groß, lang, breit, gerade. In weiter Ferne sehe ich einen bewaldeten Hügel. Der äußerste Teil der Straße ist eine Spur für die Fußgänger in eine Richtung, dann eine für die Radfahrer, dann für die Motorfahrräder, so ähnlich wie Vespas, aber alle elektrisch, was mich freudig beeindruckt, und dann drei Spuren für Autos. Und dasselbe in die andere Richtung.

Mein erster Tag im Spital

Das Spital ist nicht zu übersehen, ein altes Gebäude mit großem Portal. Davor herrscht reges Treiben, private Autos und Taxis fahren vor und lassen Leute aussteigen, andere kommen zu Fuß, ein Getränkehändler versucht seine Flaschen mit Wasser oder Coca Cola zu verkaufen, eine Frau bietet Popcorn und Maiskolben an. Ich trete durch das Tor und befinde mich, etwas beklommen, in einer großen, düsteren Halle fast ohne Tageslicht und nur von trüben Deckenlampen etwas erhellt. Gegenüber des Eingangs reihen sich Schalter an Schalter und überall Trauben von Menschen davor, die einen erhalten Zettel und steigen damit die Treppe hinauf, andere erhalten Medikamente. An den Seiten der Empfangshalle hängen an den Wänden die Bilder der hier arbeitenden Ärztinnen; alle schauen sehr ernst, niemand lächelt. Ich steige, wie Jennifer mir geheißen, die Treppe empor bis in die dritte und oberste Etage. Dort erwartet sie mich bereits, auf dem roten Sofa neben der Tür sitzend. Sie erhebt sich, begrüsst mich herzlich, reicht mir einen weißen Ärztekittel und zeigt mir meinen Garderobenschrank, in den ich meine Sachen einschließen kann.

Jennifer ist eine Dame. Sie steht gern im Mittelpunkt, sie will glänzen wie der Brillant an ihrem linken Schneidezahn. Sie hat ein eher rundes Gesicht und trägt einen Pagenschnitt, mit den wunderbaren schwarzen dichten Haaren, die allen Asiatinnen eigen sind. Wir gehen zusammen eine Etage tiefer, zu den Akupunkturräumen. Die Gänge sind von kleinen Fenstern hoch oben schwach erhellt und entlang, zwischen den Räumen, stehen überall Holzbänke, die voll besetzt sind mit wartenden Menschen. Es gibt drei Behandlungsräume mit je sechs Liegen, die Liegen sind durch eine dünne Wand voneinander getrennt und mit einen blauen Vorhang vorn geschützt, und in jedem dieser Behandlungsräume gibt es einen Aufenthaltsraum mit einem großen Tisch, und in jedem arbeitet jeweils eine Ärztin. Wir betreten den ersten Raum. Der Tisch ist für die Angestellten und manchmal zur Befragung und Diagnosestellung einer Patientin, wobei die Zunge angeschaut, der Puls gefühlt und der Blutdruck gemessen wird. Im Moment ist der Tisch leer. Ich bin verwundert, dass Jennifer einfach zu den Liegen geht und die Vorhänge hebt, obwohl hinter jedem jemand liegt. Doch außer mir wundert sich niemand, die, die da liegen, scheint das nicht zu stören, auch nicht, dass man reinkommt und sich die Art, wie die Nadeln gesetzt worden sind, näher anschaut. Im Gegenteil, die Menschen scheinen sich zu freuen, den Kontakt gern zu haben, einfach daliegen und entspannen ist kein Thema, und an mir, blond und blauäugig, haben sie ebenso Freude wie ich an ihnen und ihren schwarzen Haaren, und sie lächeln mich alle an. Zu der Zeit gibt es in Kunming fast nur chinesische Touristen und blond und blauäugig bekommen sie selten zu Gesicht. Ich darf die Menschen auch anfassen, gewisse Punkte und Verspannungen spüren. Und natürlich macht es mir ebenfalls Freude, dass sie an mir Freude haben. So ist schnell ein guter Kontakt da, und Jennifer übersetzt wenn nötig. Die Menschen ziehen sich nicht aus, sondern machen sich nur dort frei, wo behandelt werden muss. Auch hier gibt es entlang einer Wand eine Holzbank, auf denen diejenigen sitzen, die an der Schulter behandelt worden sind. Im Unterschied zu Akupunkturbehandlungen in der Schweiz werden hier bei jeder Behandlung die Sonden eines Elektrogerätes an fast allen Nadeln eingehängt, dann wird der Strom eingeschaltet, sodass die Nadel und das ganze Gewebe zuckt. Manchmal wird diese Methode auch in der Schweiz angewendet, aber dann wird der Strom meist so schwach eingestellt, dass man nichts sieht. Bei dieser Stromstärke, mit der die Chinesinnen behandelt werden, würde wohl jede Schweizerin und jeder Schweizer davonlaufen. Der Sinn ist, die Wirkung der Nadeln zu verstärken und das Gewebe zu lockern, vor allem bei starken Schmerzen und Verspannungen. Aber die Chinesinnen wenden die Elektroakupunktur bei fast allem an. Jennifer meinte einmal, die Ärztinnen machen das, weil sie zu faul seien, die Nadeln von Hand zu bewegen, um das Qi an jene Punkte zu lenken. Ich kann mir aber gut vorstellen, dass die Wirkung der Behandlung durch die Elektroakupunktur verstärkt wird; sehr angenehm ist sie nicht. Aber in China wird die Elektroakupunktur gut akzeptiert, sie gehört dazu. Einmal ist am Nachmittag der Strom ausgefallen, da sind alle nach Hause gegangen.

Die Ärztin vom ersten Raum hat nun alle Liegen und Stühle besetzt, die Menschen sind behandelt und liegen oder sitzen, bis jemand kommt und ihnen die Nadeln wieder entfernt. So hat sie einen Moment Pause und wir setzen uns an den Tisch. Sie ist jung und erinnert sich noch ein wenig an den Englischunterricht in der Schule, sagt aber, sie sei schüchtern. Ich habe aber den Eindruck, dass sie sich freut, sich mit mir zu unterhalten. Ich erfahre, dass sie eine fünfjährige Tochter hat. Dann gehen Jennifer und ich zum zweiten Raum. Dort herrscht Hochbetrieb. Die Ersten sind schon behandelt, und sobald jemand aufgestanden ist, legt sich die nächste Patientin auf die frei werdende Liege. Hier bleiben wir nicht lange und gehen dann noch zum dritten Raum. Dort ist es eher ruhig. Wir schauen der Ärztin kurz beim Behandeln zu, dann ist Zeit fürs Mittagessen. Jennifer empfiehlt mir ein Restaurant in der Nähe, in dem sie die Chefin kennt. Sie meint, es werde dort auch europäisch gekocht. Es war eigentlich nicht mein Ziel, in China vor allem europäisch zu essen, ich mag die chinesische Küche, muss aber schnell feststellen, dass das chinesische Essen hier in keiner Weise mit den chinesischen Restaurants in der Schweiz vergleichbar ist. Auch allein essen zu gehen in China empfinde ich am Anfang als recht schwierig und auch als deprimierend. Die Chinesinnen gehen meist in Gruppen oder mit der Familie essen und bestellen viele verschiedene Schälchen, sie kennen natürlich die Speisen und wissen, was gut schmeckt. Das trifft auf mich nicht zu. Das Europäische an jenem Restaurant ist der Tellerservice, sicher ein Vorteil, wenn man alleine ist. Sonst aber vor allem viel Reis. Ich habe keinen Appetit, bin müde, habe Heimweh, fühle mich allein und ziemlich verloren in all dem Gewusel von Menschen und Lärm. Außerdem fehlt mir die Natur sehr, ich sehne mich nach Wald. Zum ersten Mal in meinem Leben bin ich im Besitz eines Handys, so beschäftige ich mich während des Wartens damit, SMS nach Hause zu schreiben. Die SMS kamen aber nur zum Teil an, und wenn ich, während des Schreibens, eine SMS erhalte, fährt mir jedes Mal der Schreck dermaßen in die Glieder, dass mir das Handy beinah aus der Hand fällt.

Am Nachmittag geht es im Spital etwas ruhiger zu. Wir setzen uns wieder an den Tisch des ersten Raumes. Ab und zu kommen Patientinnen, reichen der Ärztin ihren Zettel und werden von ihr zu einer der Liegen verwiesen. Vor allem ältere Leute kommen oft zu zweit, meist mit Ehepartner, die beim Freimachen und Hinlegen helfen. Überhaupt, das merke ich bald, wird hier sehr viel mehr aktive Mithilfe erwartet, die Ärztin kommt erst, wenn die Patientin bereit ist, das heißt auf der Liege liegt und die zu behandelnden Stellen frei sind. Mitgekommene werden auch eingesetzt, um einen glühenden Moxastab (Beifußkraut) an einen bestimmten Punkt zu dessen Erwärmung zu halten. Und dann helfen sie natürlich auch wieder beim Anziehen.

Um 17.30 Uhr gibt mir Jennifer ein Zeichen, in die Garderobe zu kommen, für sie und somit für mich ist der Arbeitstag zu Ende. Die Ärztinnen arbeiten noch weiter. So verlasse ich das Spital und gehe durch die Straßen, um mir die Umgebung anzuschauen.

昆明市中医医院

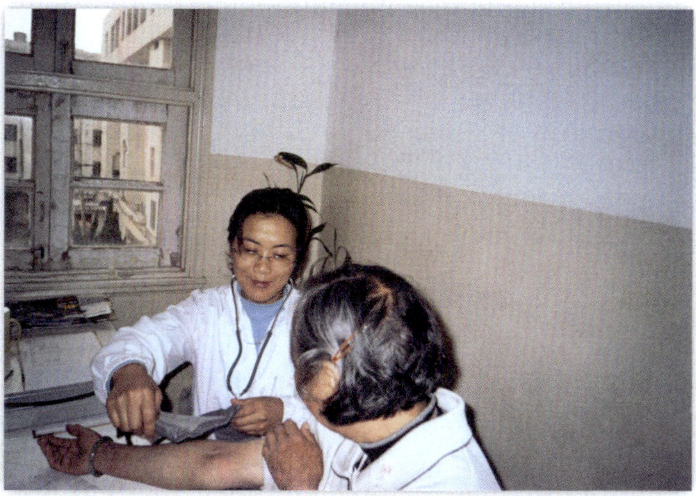

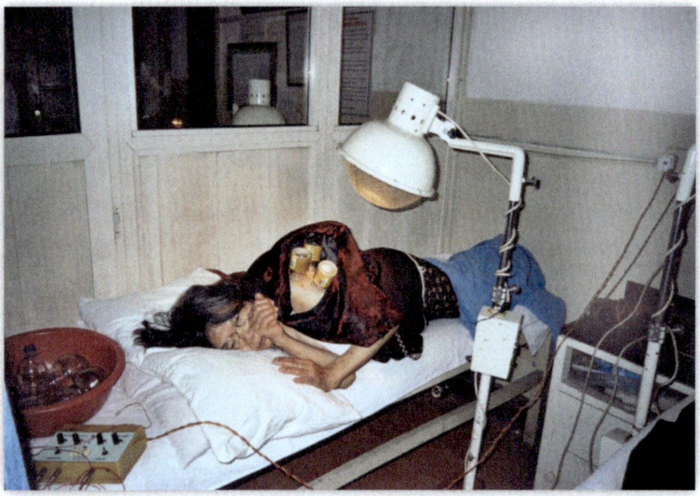

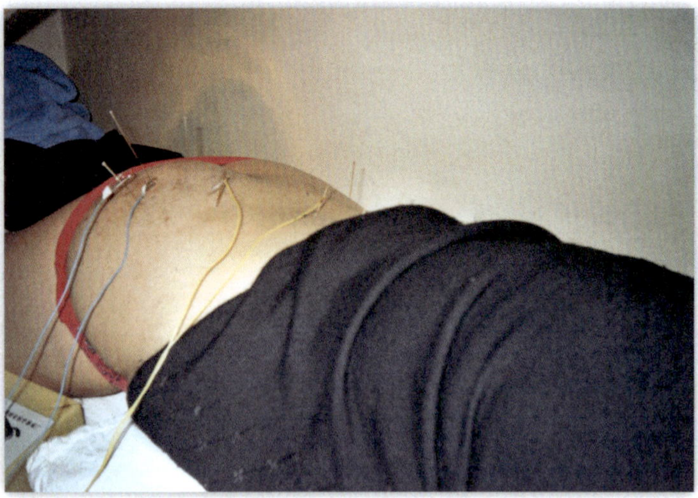

Kunming

Kunming liegt auf einer Höhe von fast 2000 Meter, und zur Zeit meines Aufenthaltes ging immer ein Wind, sodass die Luft sauber war trotz des starken Verkehrs und den ca. 6,5 Millionen Einwohner. Dies fiel mir damals aber nicht auf, saubere Luft ist für mich aus der Schweiz selbstverständlich und ich wusste rein gar nichts über China, mein einziges Ziel war, möglichst viele Praktikumsstunden zu absolvieren, um, zurück in Zürich, die Abschlussprüfungen zu machen und dann endlich als Akupunkturtherapeutin arbeiten zu können.

Ich staune über vieles. Zum Beispiel über sieben Chinesen, die in einer Reihe zielstrebig an mir vorbeigehen, der Größte zuvorderst, der Kleinste zuhinterst, und jeder trägt ein Werkzeug auf der Schulter, eine Schaufel, einen Pickel, einen Besen und andere Geräte. Mir kommt das Schweizer Lied aus ‚Schneewittchen' in den Sinn: ‚Mir sind die siebe Zwergli und schaffed tüüff im Bergli…' und schmunzle vor mich hin. Nicht weit entfernt vom Spital komme ich in einen modernen Stadtteil mit großen Fussgängerzonen. Hier herrscht ein ständiges geschäftiges Treiben. Viele Läden reihen sich hier aneinander, vor allem Bekleidungsläden, oft nur so groß wie eine Garage. Aus einigen von ihnen schallt laute Hip-Hop-Musik. Vor den Eingängen solcher Läden haben sich immer einige, meist männliche Jugendliche in einer Reihe aufgestellt, mit Blick zum Laden, steif und starr stehen sie da und klatschen den Takt zur Musik. Anscheinend haben sie Spaß dabei.

Am Straßenrand haben Händler ihre Waren auf dem Boden ausgebreitet, es ist ein sehr breiter Gehsteig. Nach einer Weile beobachte ich, wie ein Polizeiauto langsam durch die Menge fährt. Plötzlich sind die Händler mit samt den Waren so schnell verschwunden, als wären sie vom Erdboden verschluckt.

Außerdem werden Maiskolben gekocht, Erdnüsse geröstet und Melonen angeboten, wovon ich eine kaufe.

Dann finde ich ein Restaurant mit einem sehr schönen Innenhof unter freiem Himmel, das von einem Holländer geführt wird. Wir kommen ins Gespräch, ich erfahre, dass er schon seit 20 Jahren in Kunming lebt und lerne bald auch seine chinesische Frau kennen, ein eher maskuliner Typ, was ich bei Chinesinnen selten gesehen habe. Die Speisekarte ist sehr vielfältig, aus allen Ländern werden Speisen angeboten, und sie sind gut gekocht. So wird dieses Restaurant bald zu meinem Lieblingslokal. Dies auch, weil der Holländer und seine Frau Englisch sprechen und ich mich bei Verständigungsschwierigkeiten mit dem Servicepersonal (alles sehr junge Frauen und Burschen) an einen von ihnen wenden kann. Einmal sehe ich in diesem Lokal sogar eine Gruppe Chinesinnen mit Stäbchen ein Fondue essen. Zu meinem Erstaunen scheint es ihnen zu schmecken. Was mich aber noch viel mehr erstaunt, ist, dass sie zum Fondue noch etliche andere Speisen bestellt haben.

An meinem ersten Abend dort bestelle ich einen Fisch. Er hat viele kleine Gräten und ist etwas schwierig zu essen, aber er schmeckt ausgezeichnet. Erst als ich das Restaurant verlasse, sehe ich das Aquarium und mir wird klar, dass jeder Fisch, der bestellt wird, direkt hier herausgenommen wird, dass also der Fisch wegen mir sterben musste. Es tut mir sehr leid, ich habe ein schlechtes Gewissen dem Fisch gegenüber, entschuldige mich innerlich bei ihm und bestelle von da an nie mehr Fisch in einem Restaurant, denn in fast jedem besseren Restaurant gibt es, wie ich später feststelle, ein Aquarium. Es ist mir bewusst, dass dies nicht sehr konsequent ist, doch einen Fisch zu essen, der sowieso schon tot ist, gibt mir ein anderes Gefühl als direkt schuld an seinem Tod zu sein.

Ich gehe früh zum Hotel zurück. Dort möchte ich von meinem Zimmer aus nach Hause telefonieren. Der Anruf geht über den Hotelempfang, aber dort versteht niemand, was ich will. So gehe ich nach unten und mit viel Gestikulieren kann ich all den schön gekleideten und zuvorkommenden Rezeptionistinnen zu verstehen geben, dass ich gerne telefonieren würde. Das klappt, und ich kann mich an ein Tischchen in der Nähe der Rezeption setzen. Umgekehrt habe ich später erfahren, dass Anrufe aus der Schweiz nie bis zu mir durchgekommen sind, weder mit Nennung meines Namens noch meiner Zimmernummer auf Englisch. Dafür klingelt mein Zimmertelefon auch diese Nacht wieder um 23.30 Uhr, ohne dass jemand dran ist. Ich schaue nach, kein Stecker, welchen ich hätte rausziehen können, sondern das Kabel steckt fest in der Wand. Am Empfang weiß am nächsten Morgen niemand etwas über diese nächtlichen Anrufe, also müssen sie wohl aus einem anderen Zimmer kommen. Um vorzugreifen: Es ging jede Nacht so weiter und irgendwann habe ich das Kabel aus der Wand gerissen.

真皮制作
回收

Spucken und andere Bedürfnisse

Am nächsten Morgen sitze ich wieder am Frühstücksbuffet, esse meinen Reis, schaue auf das riesige Werbeplakat und nehme dann wieder ein Ei als Notvorrat für die Nacht, für meine Schublade mit. Es sind vor allem allein reisende Chinesen im Frühstücksraum, gut angezogen, Geschäftsmänner. Und was allen, die in China ankommen, von Anfang an auffällt: Es wird überall, immer und laut gespuckt. Das war am Flughafen so, auf der Straße sowieso und das ist auch hier am Frühstücksbuffet nicht anders. Dazu stehen im Raum Kübel bereit. Wenn man dies noch nie gehört hat, kann man sich kaum vorstellen, wie laut das tönt. Vor allem Männer, aber auch Frauen spucken, wenn auch vielleicht etwas diskreter. Aber tatsächlich passiert es nicht ab und zu, sondern ständig, ohne Unterlass hört man dieses Geräusch. Ein China-Kenner und Vielgereister hat einmal geschrieben: wenn man am Morgen erwacht und dieses Geräusch hört, weiß man, dass man in China ist.

Was ich inzwischen auch gelernt habe: Auf keiner Toilette gibt es Papier. So nehme ich jedes Mal, wenn ich das Hotel verlasse, ein Röllchen mit und beim Arbeiten stecke ich es in die Brusttasche meines Kittels, denn auch im Spital gibt es kein Papier auf den Toiletten. Öffentliche Toiletten gibt es viele, das ist angenehm, wenn man unterwegs ist. Aber sie sind sehr unterschiedlich. Oft sind es ein paar Quadratmeter große Häuschen mit einem Graben darin, über den man kauert. Und oft tut man in so einem Häuschen gut daran, die Luft anzuhalten, bis man wieder heraustritt. Im Spital ist dieser Graben geplättelt und der Raum durch zwei Zwischenwände unterteilt, sodass man ein wenig Privatsphäre hat. Die Wände sind aber niedrig, und wenn man beim Kauern ein bisschen den Kopf hebt, blickt man sogleich in das Gesicht der Nachbarin, die auch gerade ihr Bedürfnis verrichtet. Die Chinesinnen sind da ganz ungeniert und angesichts dessen macht mir das öffentliche Pinkeln auch nichts aus, eher der Geruch. Alle paar Stunden wird der Graben, der nur ca. 20 cm tief ist, durch einen kräftigen Wasserstrahl von Urin, Stuhl, Papier und Binden gesäubert.

Professor Guan

Wieder gehe ich also meinen Weg zum Spital, inmitten unzähliger Chinesinnen, über die Brücke, in deren Mitte, wo sich die acht Übergänge kreuzen, immer ein alter Bettler im Schneidersitz auf dem Boden sitzt. Ich passiere die düstere Eingangshalle und gehe die drei Treppen hinauf, wo Jennifer, wie immer auf dem roten Sofa sitzend, mich bereits erwartet und freundlich begrüßt. Sie erkundigt sich nach meinem Befinden und wartet, bis ich meinen weißen Kittel angezogen habe, um mit mir zu den Behandlungsräumen zu gehen. Wir beginnen wieder in Raum 1, wo Doktor Wang die meisten Patientinnen schon behandelt hat. Sehr häufig kommen Gesichtslähmungen vor, viel häufiger als bei uns und vielleicht der häufigste Grund für Akupunkturbehandlungen im staatlichen Spital von Kunming überhaupt. Nach der Chinesischen Medizin entsteht eine Gesichtslähmung durch Wind, äußeren oder inneren Wind (ein Schlaganfall zum Beispiel ist nach der Chinesischen Medizin ein innerer Wind; nach meinem ersten Lehrer ist alles, was kommt und geht, Wind; eine beim Herausstrecken schiefe und/oder auch zittrige Zunge deutet auf inneren Wind hin. So ist eine Diagnose in der Chinesischen Medizin im Prinzip viel einfacher, denn somit wählt man Punkte, die Wind vertreiben. Das Element Wind wird der Leber zugeordnet; somit bieten sich Punkte auf dem Lebermeridian an. Aber auch sämtliche Anspannungen im Körper können (unter anderem) über Punkte des Lebermeridians behandelt werden. Und dann öffnet sich die Leber, so sagt man, in den Augen. So werden auch Augenerkrankungen über Punkte auf dem Lebermeridian behandelt. Diesen Zusammenhang sieht man auch in der westlichen Medizin, zum Beispiel bei gelben Augen = Lebererkrankung. Natürlich gibt es auch kombinierte Erscheinungen, zum Beispiel Wind – Kälte bei einer Erkältung oder im späteren Stadium auch Wind – Hitze. Und natürlich basiert alles auf Yin und Yang. Yang ist Hitze, Yin Kälte (unter anderem). Ist das Yin schwach, spricht man von einer leeren Hitze, ist das Yin jedoch normal und das Yang zu stark, ist es eine volle Hitze. Das heißt, im ersten Fall stärkt man das Yin, im zweiten Fall muss man das überschießende Yang senken. Dies ist das Thema, um welches sich die obligatorischen Einführungskurse vor der eigentlichen Ausbildung zur Akupunkteurin drehten, und niemand hatte dies so recht verstanden. Erst unser Lehrer während des ersten Ausbildungsjahres konnte es uns begreiflich machen, und plötzlich schien alles einfach: Es gibt ein Innen und außen, Kälte und Hitze und die Elemente Wind, Feuer, Erde, Metall und Wasser. Außen sind meist akute und innen chronische Erkrankungen. Bei chronischen Erkrankungen hat man gute Erfolge mit einer Kombination von Mo-Punkten, die alle am Bauch sind, und den Shu-Punkten am Rücken, alle auf dem inneren Blasen-Meridian. Jeder der Mo- und der Shu-Punkte ist je einem Organ zugeordnet, welches mit diesen Punkten unterstützt werden kann.

Tatsächlich windet es oft in Kunming. Die Ärztinnen wählen bei Gesichtslähmung meist nur Punkte im Gesicht, und ich habe immer wieder Patientinnen gesehen, die dort mit 20–30 Nadeln bestückt waren. Und, das ist ganz wichtig, im Gesicht wird keine Elektrostimulation durchgeführt, sie kann zu schlimmen Krämpfen der Gesichtsmuskulatur führen. In der Schweiz gehen Menschen mit Gesichtslähmung, aber leider auch bei vielen anderen Erkrankungen, bei denen Akupunktur sehr gut helfen könnte, lieber zum Arzt, so hatte ich erst einmal Gelegenheit, eine Frau mit einer Gesichtslähmung zu behandeln. Sie hatte sie sich von der Klimaanlage im Auto geholt. Nach ein paar Behandlungen, sie hatte schon einige Fortschritte gemacht, wünschte sie sich, die Elektroakupunktur zu probieren, weil sie sich davon noch schnellere Fortschritte versprach. Natürlich ist es schwierig, wenn die eine Gesichtshälfte herunterhängt und man ein Auge nicht richtig schließen kann. Obwohl mir auch immer daran gelegen ist, möglichst schnell zu helfen, hatte ich sie zum Glück vor möglichen Krämpfen gewarnt, denn genau dies traf ein, als sie wieder zu Hause war. Sie dauerten etwa eine Stunde und waren sehr schmerzhaft. Doch nach ein paar weiteren Behandlungen ohne Elektrostimulation war sie ganz gesund.

Nachdem wir uns also die Patientinnen von Dr. Wang angeschaut haben, gehen wir weiter zum zweiten Raum, wo es auch heute wieder sehr voll ist von Menschen, die auf eine Behandlung warten, und anderen, die schon behandelt sind und sich auf einer der Liegen entspannen oder mit Nadeln oder Schröpfkugeln an der Schulter auf einem Stuhl sitzen. Zwei Frauen liegen, beide mit Akupunktur behandelt, die Köpfe gegeneinander gerichtet, auf dem Bauch und albern zusammen herum. Überhaupt, ruhig ist es nirgends, weder in den Gängen noch in den Räumen, und selbstverständlich wird auch hier gespuckt. Die Ärztin ist sehr beschäftigt, sie behandelt vor allem lokal, das heißt, sie setzt die Nadeln an den Ursprung des Übels. Nachdem wir uns die Patientinnen angeschaut haben, gehen wir weiter zu Raum drei. Dort ist wie in Raum eins nicht so viel los, die Ärztin ist dabei, eine Patientin mit Schlafstörungen zu behandeln, eine sehr zarte junge Frau. Die Ärztin, auch eine ruhige und eher zarte Person, behandelt mit dem Punkt Herz 7, ein beruhigender Punkt, gut zum Einschlafen und mit Punkten, um das Nieren-Yin aufzubauen, wie Niere 3, 7, Milz 6 und Magen 36. Schlafstörungen sind oft nicht einfach zu behandeln, weil es auch nicht einfach **die** Schlafstörung gibt, sondern sie können sehr viele verschiedene Ursachen haben. Gestresst wirkt die Frau nicht, sie hat auch keine Sorgen oder sich endlos drehende Gedanken in der Nacht, sondern sie wirkt eher schwach, fast aufgelöst. Inzwischen habe ich beim Behandeln von Schlafstörungen meist recht gute Erfolge. Es gibt aber leider nicht **den** Punkt, den man sich selber drücken kann und dann schläft man ein, das wäre zu schön. Sicher nehme ich, wenn jemand Einschlafschwierigkeiten hat, Herz 7 immer dazu und vielleicht hilft es manchen Menschen, sich diesen Punkt zu drücken: Er befindet sich an der Innenseite der Hand beim Handgelenk, auf der Seite des kleinen Fingers nach der ersten Sehne. Dort laufen viele Nerven durch und der Punkt wird deshalb oft von außen her unter der Sehne durchgestochen.

Am Nachmittag kommt Professor Guan ins Spital, um ein paar Behandlungen durchzuführen. Er ist schon pensioniert, kommt aber noch an zwei Nachmittagen pro Woche. Es geht wie ein Lauffeuer durch die Räume: „Dr. Guan ist da", und alle legen die Arbeit nieder und scharen sich um den Professor, um ihm beim Behandeln zuzuschauen. Natürlich bringt Jennifer mich ebenfalls dorthin. Er schaut sich gerade die Zunge einer Patientin an und beurteilt sie als rot. Jennifer und ich sehen uns verwundert an, wir sehen beide eine eher blasse Zunge. Das macht für die Behandlung einen Unterschied. Die Leute fragen mich oft, nachdem sie ihre Zunge gezeigt haben, was ich da sehe. Eine rote Zunge zeugt von zu viel Hitze entweder durch Yin-Mangel oder durch zu starkes Yang. Eine blasse Zunge zeugt meist von Blutschwäche, diese Menschen sind oft müde. Hier ist bei Frauen die Frage nach der Menstruation unerlässlich, denn oft verlieren sie zu viel Blut. In diesem Fall soll man die Milz stärken, denn nach der TCM hält die Milz das Blut in den Gefäßen. Die Milz stärken sollte man auch bei Menschen, die sofort blaue Flecken haben, wenn sie sich ein bisschen anstoßen. Oder bei Hämorrhoiden oder bei häufigem Nasenbluten; aber auch bei inneren Blutungen: Man kann sie mit dem 1. Punkt auf der Milz-Leitbahn stoppen, an der Außenseite der großen Zehe. Und die Milz wandelt Feuchtigkeit um. Feuchtigkeit sieht man an der Zunge durch Zahneindrücke an den Rändern. Feuchtigkeit ist alles, was eigentlich nicht in den Körper gehört, wie Myome und Zysten, Schwellungen oder auch zu viel Fett. In der westlichen Medizin hat die Milz kaum eine Bedeutung, doch der Chinesischen Medizin ist sie sehr wichtig, die Liste, was alles über den Milzmeridian behandelt werden kann, ist lang. Zu erwähnen wären noch Blähungen, Appetitlosigkeit und breiige Stühle. Ein Leitsymptom einer Milzschwäche ist Appetitmangel. Aber zurück zur Zunge: Auch der Zungenbelag sagt einiges aus: Ein dünner weißer Belag ist normal, ein dicker Belag bedeutet Schleim im Körper, ist er weiß, spricht dies für Schleim-Kälte und ein dicker gelber Belag bedeutet Schleim-Hitze. Entsprechend wählt man die Punkte. Bei allen Schleimstörungen ist der Punkt Magen 40 in der Mitte des Schienbeins und zwei Finger breit nach außen ein unerlässlicher und sehr hilfreicher Punkt.

Beim Akupunktieren der Patientin setzt Dr. Guan die Nadeln sehr langsam und vorsichtig, und alle schauen aufmerksam zu. Dies gebietet der Respekt vor dem Alter, und später habe ich erfahren, dass jede Ärztin und jeder Arzt umso gefragter ist, desto älter sie sind, weil man ihnen mehr Berufs- und Lebenserfahrung zuspricht. Dr. Guan behandelt auch Kinder, zum Beispiel ein etwa fünfjähriges Mädchen mit einem angeborenen Gehörschaden. Die Mutter ist mit ihr von weither, vom Land, angereist, um sie hier behandeln zu lassen. Das Mädchen ist sehr tapfer, auch ein kleiner Junge versucht, tapfer zu sein, aber irgendwann kommen dann doch die Tränen.

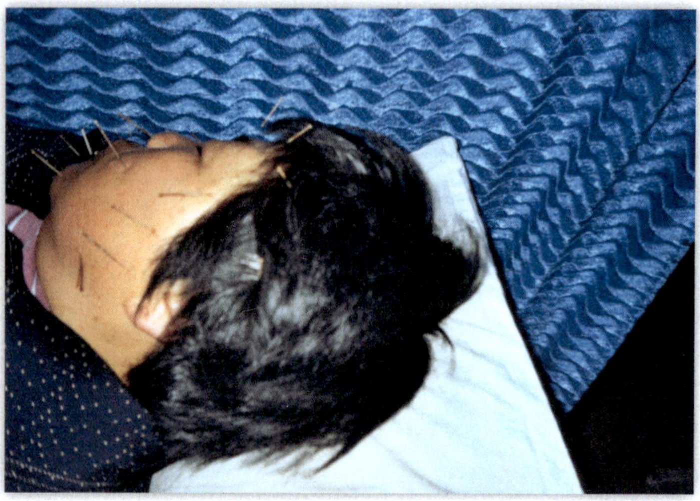

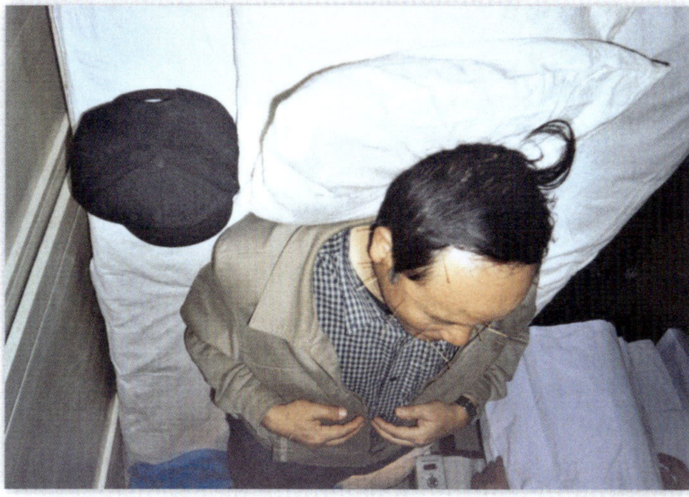

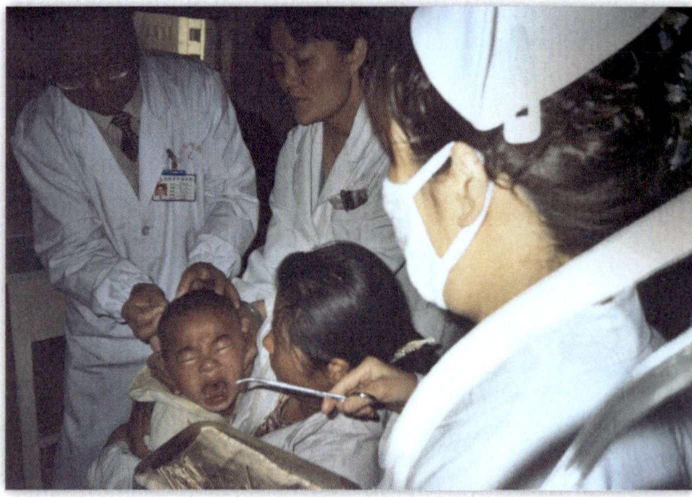

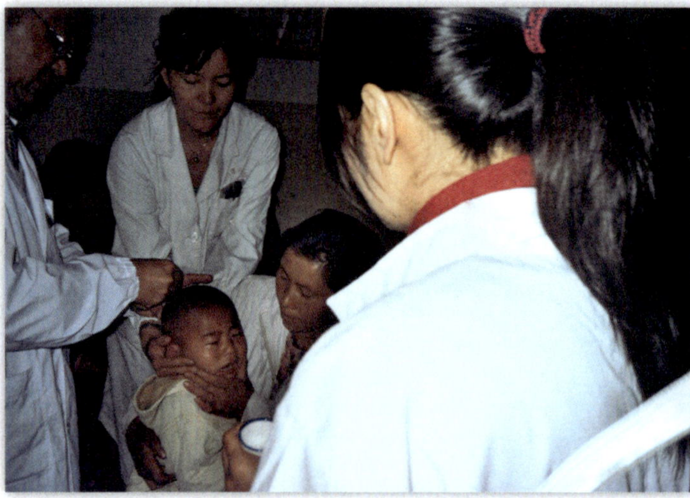

Der kleine Bettler

Am Abend gehe ich wieder durch die Straßen. Neben vielen modernen Hochhäusern gibt es auch immer wieder traditionelle Bauten. Durch einen großen Torbogen im chinesischen Stil gelange ich wieder zur Fußgängerzone. Dort entdecke ich nach die sogenannte Altstadt. Es ist aber nur noch ein einziger Straßenzug vorhanden, alles andere ist schon abgerissen und ebenfalls durch moderne Bauten ersetzt worden. Die alten Häuser im chinesischen Stil sind eigentlich sehr schön, aber schon etwas heruntergekommen. Die Straße ist schmal und auf beiden Seiten sitzen Menschen auf dem Boden, mit einem Tuch vor sich und bieten darauf ihre Waren an: Gemüse, Früchte, Fleisch und alles Mögliche. Dazwischen schieben Menschen große, voll beladene Schubkarren durch die Straße. Es herrscht reger Betrieb. Wieder in der Fußgängerzone, sehe ich eine Frau, die sich vor den vorbeigehenden Menschen zu Boden wirft, um zu betteln. Bettler gibt es einige, dann sehe ich auch diesen Jungen. Er ist wohl kaum zwei Jahre alt, sitzt mit einer Büchse vor sich am Straßenrand und spielt mit einem Kaugummi, der auf der Straße klebt, wobei er Fäden zieht. Ich bin erschüttert, dass man so ein kleines Kind allein und um zu betteln an die Straße setzt und erzähle am nächsten Tag Jennifer davon. Jennifer klärt mich auf, dass dies Banden seien, die am Morgen die Leute an ihre Plätze verteilen, sie am Abend wieder abholen, ihnen das Geld abnehmen und ihnen dafür zu essen und Unterkunft geben. Also man solle vor allem kein Geld geben. Außerdem sei man hier eine moderne Stadt und wolle all die Bettler vom Land nicht.

In einem Spielzeugladen kaufe ich ein Plüschtier und bringe es dem Jungen. Er nimmt es an sich und hält es ganz fest, doch am nächsten Tag sitzt er wieder ohne Plüschtier da. Ich gehe ihm ein Eis kaufen. Er reißt es gierig auf, und noch nie habe ich irgendjemanden ein Eis in solcher Geschwindigkeit essen sehen. Wieder im Hotelzimmer, weine ich für diesen Jungen. Am liebsten hätte ich ihn mitgenommen und kann nicht verstehen, dass ein

Staat so etwas zulässt. Und vor allem ein Staat mit einem kommunistischen System, von dem man doch annehmen könnte, dass für die Armen gesorgt wird. Später überlege ich mir auch, ob es wohl geschickt war, so einem kleinen Kind Eis zu geben. Doch habe ich in der Schweiz schon ebenso kleine Kinder genüsslich an einem Eis schlecken sehen, wobei die Hälfte hinuntertropfte. Dies konnte bei diesem Jungen nicht passieren. Ich habe ihn danach nie mehr gesehen. Und zum System sagte mir eine Chinesin in der Schweiz einmal: „Jetzt nicht Kommun**ist,** jetzt nicht Buddh**ist,** jetzt Geld **ist.**“

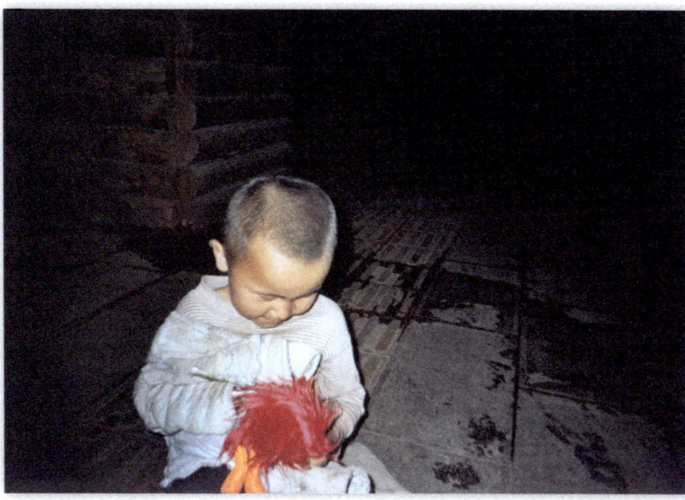

Das Messer

Ich gehe wieder zum Holländer und bestelle mir etwas wirklich Feines und sogar ein Glas Wein dazu; doch auch das beste Essen vermag meinen Appetit nicht anzuregen, über dessen Mangel ich sonst nicht klagen kann. Ich schaue im Innenhof nach oben und sehe eine riesige Handyantenne, dann habe ich sie gesehen, auf allen Häusern: Handyantennen. Riesige Handyantennen, von deren Strahlungen ich nun eine Ursache für meine Appetit- und Schlaflosigkeit vermute. Ich lasse mir den Rest einpacken, denn schon nach ein paar Bissen kann ich nichts mehr essen. Es fällt mir auf, dass heute, da ich recht viel konsumiert habe, alle viel freundlicher sind, als wenn ich nur wenig bestelle. Dass ich dafür immer wiederkomme, wird nicht bedacht. Früh bin ich zurück im Hotel. Kunming wird seinem Ruf als Stadt des ewigen Frühlings gerecht, jeden Tag scheint die Sonne und ich sehe viele Frauen, die einen halb geöffneten Knirps über ihren Kopf halten. Im Hotel gehe ich in die Küche und bitte um ein Messer zum Aufschneiden meiner Melone. Nach einigem Suchen des Kochs bekomme ich ein riesiges Küchenmesser, welches ich auf das Zimmer mitnehmen darf, ich muss aber versichern, es wieder zurückzubringen. Im Zimmer lege ich mich erst mal aufs Bett und setze mir ein paar Nadeln für einen guten Schlaf. Doch kaum habe ich die Nadeln drin und begonnen, etwas zu entspannen, klopft es an der Tür. Ich bin nicht gewillt, die Nadeln nach dieser kurzen Zeit schon wieder zu entfernen und ignoriere das Klopfen. Es wird intensiver, jemand ruft etwas und spricht, wettert und klopft schließlich ohne Unterlass, mehr Menschen kommen hinzu, es entsteht ein riesiger Tumult vor meiner Tür. Ich verstehe nichts und kann mir überhaupt nicht vorstellen, was da los ist. Dann verziehen sich die Menschen wieder, endlich kehrt Ruhe ein, und die 20 Minuten, die ich die Nadeln normalerweise drin lasse, sind auch schon um und ich nehme sie raus. Nachdem ich mir die Melone aufgeschnitten und einen Schnitz gegessen habe, gehe ich nach unten, um zu fragen, was sie denn gewollt hätten. Da stellt sich heraus, dass sie unbedingt das Messer wieder brauchen, anscheinend ist es das einzige im Haus. Später, wieder in der Schweiz, wurde ich aufgezogen, wie man denn als Schweizerin ohne Taschenmesser reisen kann. Na, das wird mir nicht mehr passieren, vor allem nicht, wenn ich in ein Land reise, in dem es nur Stäbchen gibt.

In der Nacht um etwa 1 Uhr kommt eine weibliche chinesische Reisegruppe an. Die Frauen verteilen sich auf ihre Zimmer in meiner Etage, bleiben dann jede vor ihrer Tür stehen, um sich im Gang noch ein bisschen zu unterhalten, und zwar von einem Gang-Ende zum anderen, sodass jede ziemlich laut rufen muss, um von den anderen gehört zu werden. Natürlich werden diese Frauen nicht nur von ihren Mitreisenden gehört; ich jedenfalls bin ziemlich sauer über so viel Rücksichtslosigkeit. Am nächsten Morgen treffe ich einen Teil der Frauen im Lift und will mich beschweren, die Frauen aber sind ganz zufrieden mit sich und der Welt und verstehen nicht, was ich meine.

Erste Behandlungserfahrungen

Nach wie vor halten Jennifer und ich uns vor allem in Raum 1 auf. Doktor Wang, die dortige Ärztin, erlaubt mir, bei einem Patienten den Punkt Dickdarm 4, ein sehr bekannter und häufig verwendeter Punkt, zu stechen, wobei sie mir eine Nadel in die Hand gibt und auf den Punkt zeigt. Natürlich weiß ich und wusste schon damals, wo dieser Punkt ist, aber so machen das alle chinesischen Ärztinnen bei Praktikantinnen. Sie sagen dir nicht den Namen oder die Zahl des Punktes, sondern sie zeigen ihn. Auch chinesische Ärztinnen in der Schweiz machen das bei Praktikantinnen so. Also stecke ich die Nadel in den Punkt beim Daumen, an der höchsten Stelle im sich wölbenden Gewebe, wenn man den Daumen seitlich an den Zeigefinger presst. Dieser Punkt wirkt vor allem bei allen Beschwerden im Gesicht, sei es nun Schnupfen, Schmerzen, Lähmung oder Kiefergelenksarthritis. Er ist aber auch ein allgemeiner Schmerzpunkt. Sehr gut wirkt er auch in verschiedenen Kombinationen, zum Beispiel mit Leber 3 an den Füßen, diese vier Punkte zusammen beruhigen sofort, wenn man gestresst oder sehr nervös ist. Man nennt sie die vier Tore. Beim Einstechen spüre ich einigen Widerstand; die Nadel ist absolut stumpf und wirklich nicht ganz einfach zu setzen und vor allem ist das für mich ungewohnt, da wir in der Schweiz immer nur Einwegnadeln verwenden. Bereits nach drei bis vier Verwendungen ist so eine Nadel stumpf, aber in China, jedenfalls in diesem Spital in Kunming, werden die Nadeln Hunderte Male verwendet, die gebrauchten Nadeln während des Tages gesammelt und abends immer wieder sterilisiert. Doktor Wang meint dann auch, der Einstich habe den Patienten geschmerzt und ich müsse noch üben. Sie beauftragt einen Assistenzarzt, für mich mit Verbandsmaterial ein Kissen zu basteln, welches er mir nach einer Weile überreicht. Es ist ca. 5 x 5 cm groß und recht hart, und damit soll ich nun die verschiedenen Einstichtechniken üben. Jennifer rät mir diskret, dem Assistenzarzt ein kleines Trinkgeld zu geben, 5 Yuan, was ich sehr gerne tue. Das sind nur ein paar Rappen, aber er ist erfreut darüber. So steche ich also auf das Kissen ein, was ich zwar als ein wenig stumpfsinnig empfinde, aber Jennifer meint, die chinesischen Ärztinnen machen dies während der Ausbildung sehr lange Zeit, bevor sie sich schließlich an Patientinnen versuchen dürfen.

Kräuterkeller

Nach und nach zeigt mir Jennifer das ganze Spital, so gehen wir in den Keller, in dem die Kräuter gelagert sind und herausgegeben werden. Der Raum ist vollgestellt mit unzähligen braunen alten Kommoden, die wiederum unzählige Schubladen haben. Die einen stehen offen, andere öffnen wir, um hineinzuschauen. Sie sind alle voll mit allerlei Kräutern und sonstigen Sachen aus der Natur, auch solchen mit Füßchen, und verschiedene Würmer und kleine Schlangen sind auch dabei. In den anliegenden Räumen, die durch Glasscheiben voneinander getrennt sind, werden die Kräuter verschrieben. Es sitzen immer drei Ärzte (hier sind es Männer) um einen großen Tisch herum, dazwischen Patientinnen, die von den Ärzten befragt werden. Jennifer erzählt mir, dass die mit Kräutern tätigen Ärzte die am besten angesehenen sind. Aber auskennen tut sich jede chinesische Ärztin mit Kräutern, das gehört zur Ausbildung. Die Chinesische Medizin umfasst die Behandlung mit Akupunktur, Kräutern, Tuina-Massage und Ernährungsberatung. In der Schweiz ist es möglich, jede dieser Behandlungen separat zu lernen und anzuwenden. Ich habe mich nur für die Akupunktur entschieden. Sie schien mir die wirkungsvollste und schnellste Methode, um jemandem effizient zu helfen. Die Kräuter schmeckten mir immer schrecklich und ich habe davon jedes Mal Durchfall bekommen. Inzwischen bin ich immer noch begeistert von der Wirkung der Akupunktur, habe aber meine Meinung über chinesische Kräuter geändert und finde, sie können durchaus eine sinnvolle und wirkungsvolle Ergänzung zur Akupunktur sein oder sogar als eigene Therapieform gut helfen, wenn die Person, die sie verschreibt, sehr gut Bescheid weiß. So eine Person weiß dann auch, wann es Durchfall geben könnte und rechnet dies in die Behandlung ein. Außerdem habe ich nie mehr so scheußliche Kräuter bekommen wie am Anfang meines Kontaktes zur Chinesischen Medizin. Ich erinnere mich, dass ich mir damals beim Trinken die Nase zuhalten musste; im Gegensatz zu den Kräutern, die ich heute bekomme und die mir richtig gut schmecken. Dann Ernährungsberatung, ist gar nicht mein Ding, ich finde, jeder Mensch sollte auf seinen Körper hören und essen, worauf er Lust hat. Da rede ich den Menschen nicht gern drein und die Empfehlung, alte Essgewohnheiten zu ändern, wird zwar gehört, aber selten umgesetzt. Und massieren, das wollte ich sowieso nie.

中药

Chirurgie, Pillen und Umschläge

Es gibt auch eine chirurgische und eine stationäre Abteilung, dort sind aber nur wenige Betten belegt. Es sind Schlafsäle mit jeweils sechs bis acht Betten, schmale Holzschragen in düsteren Zimmern. Durch das kleine Holzfenster zuhinterst fällt nur wenig Licht herein, die Wände sind braun-gelb-grau und auch bei der Bettwäsche kann man nur ahnen, dass sie einmal weiß gewesen sein muss. Jennifer erzählt mir, dass es eine Spitalküche gibt, das Essen schmecke aber nicht gut und werde meistens von Angehörigen gebracht.

Ebenfalls im Keller gibt es auch eine Abteilung mit chemischen Pillen. Diese werden von der einheimischen Bevölkerung als modern empfunden und sind sehr beliebt, und, obwohl die Chinesinnen hart im Nehmen sind, schlucken auch von ihnen viele lieber eine Pille, als sich einer schmerzhaften Behandlung zu unterziehen.

Wir gehen weiter zu einem anderen Raum im Keller, in dem Umschläge gemacht werden. Hier wird gemischt und gepflastert, Pulver mit Wasser zu Brei angerührt, die braune Masse auf Verbandsmaterial aufgetragen und Schultern, Knie, Arme oder Beine werden damit eingewickelt.

Und dann gibt es noch die Tuinastation, hier wird massiert. Im Moment gibt es für die dort anwesenden jungen Burschen, vermutlich chinesische Praktikanten, nichts zu tun und sie massieren sich gegenseitig. Es sieht aber nicht sehr gekonnt aus und wir gehen zurück zu den Akupunkturräumen.

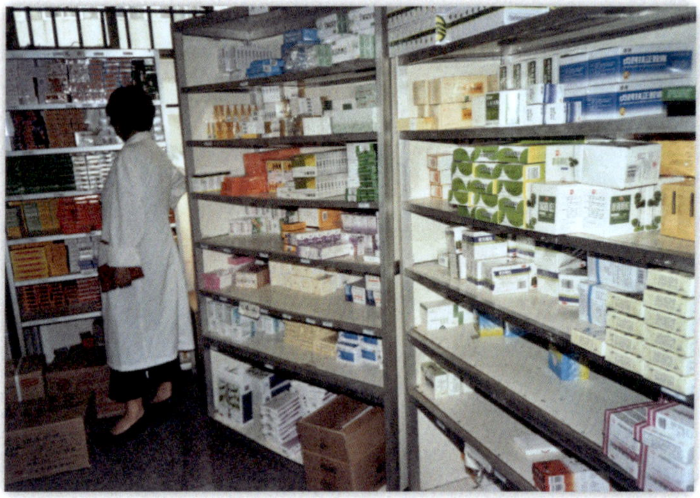

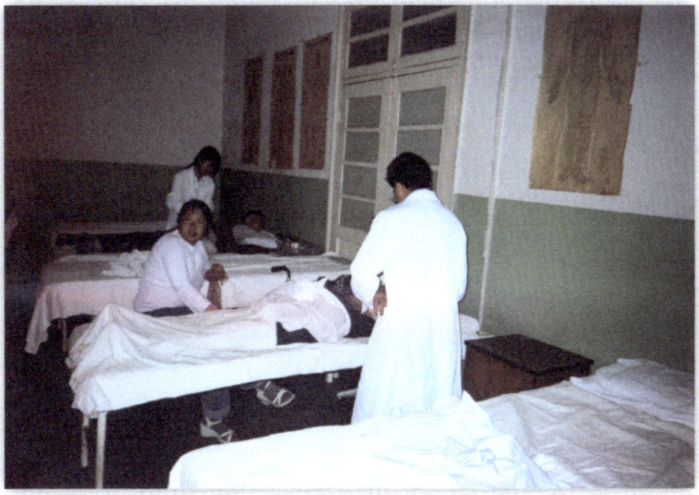

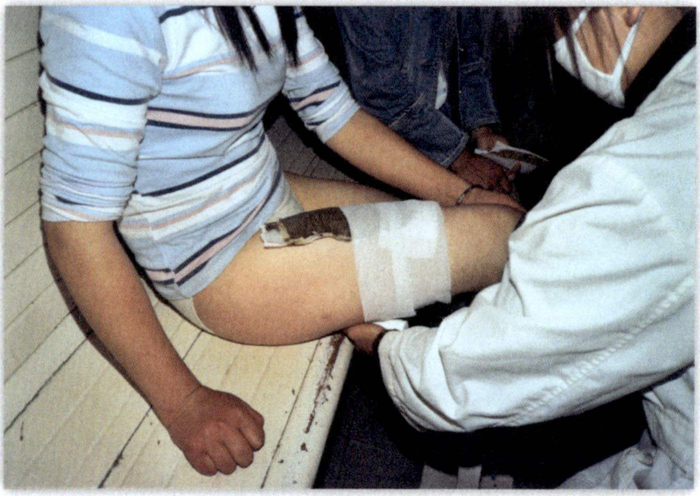

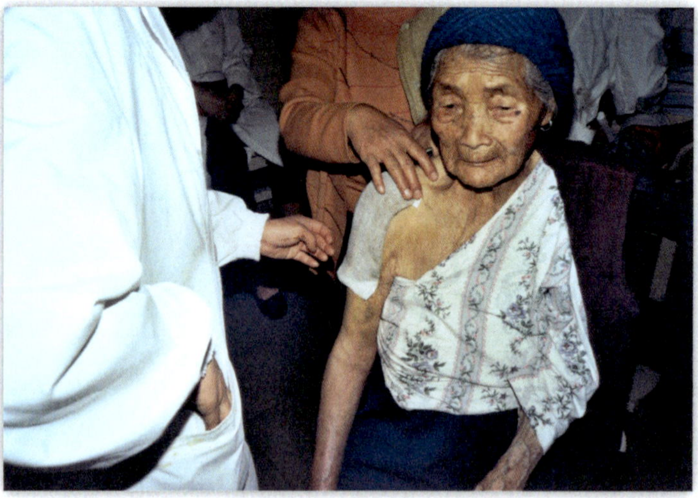

Dieb

Kunming ist auch ein beliebtes Reiseziel für Chinesinnen aus anderen Provinzen. Und das Wetter ist tatsächlich immer angenehm warm, jeden Tag Sonnenschein und doch nicht zu heiß, dabei immer etwas Wind, der den Smog vertreibt. Nach und nach probiere ich verschiedene Restaurants aus, vor allem natürlich solche mit Bildern auf der Karte. Und nach wie vor habe ich großes Heimweh, keinen Appetit und schlafe fast gar nicht. Ich sehne mich nach meiner Lebenspartnerin Laura und meinem Pudel Uta, und in meiner Vorstellung sehe ich die beiden schon am Flughafen stehen und mich erwarten. Unterwegs auf Kunmings Straßen, auf dem Weg zum Holländer, schreibe ich Laura eine SMS: ‚fühle mich wie Heidi in Frankfurt', und lasse dann mein Handy wieder in meine Jackentasche hineingleiten. Dies muss jemand gesehen haben, denn als ich beim Holländer ankomme, ist es nicht mehr da. Natürlich suche ich zunächst danach, dann ruft der Holländer hilfsbereit auf meiner Nummer an; es ist ausgeschaltet. So weiß ich nun sicher, dass es gestohlen ist. Und plötzlich habe ich Zeit. Ich bin nicht mal traurig über den Verlust, ja sogar richtig erleichtert. Es war mein erstes Handy und ich war gar nicht daran gewöhnt. Von nun an nehme ich zum Essen einen Stapel meiner Lernkarten mit und vertreibe mir die Zeit des Wartens mit Lernen. Viel bleibt zwar nicht hängen, vor allem wegen meiner ständigen Müdigkeit, und ich würde heute den Studierenden eher empfehlen, viele verschiedene Bücher zum Thema zu lesen und die Dinge zu verstehen anstatt stur auswendig zu lernen.

Vom Hotel aus telefoniere ich nach Hause. Laura erzählt mir, dass sie zum Geburtstag einer gemeinsamen Freundin eingeladen ist. Oh, ich wäre gerne dabei!

Wochenende

Nach und nach lerne ich die Gegend um das Spital herum immer besser kennen. Ganz in der Nähe ist ein Fluss, sehr schmutzig zwar, aber mit schönen Spazierwegen auf beiden Seiten, und abends schön beleuchtet. Unter all den vielen Menschen sehne ich mich sehr nach Ruhe und Natur und gehe in Richtung des Waldes in der Ferne, muss aber bald einsehen, dass es ein hoffnungsloses Unterfangen ist. Wahrscheinlich wäre ich selbst nach einem Tagesmarsch noch nicht mal in der Nähe des Hügels gewesen. So nutze ich mein erstes freies Wochenende und nehme am Samstag einen Bus stadtauswärts, erreiche endlich Wald, kann wieder freier atmen, fühle mich ruhiger und vor allem höre ich wieder Vögel singen. Ich bin froh, doch das Gefühl der Einsamkeit bleibt. Und auch hier sind viele Menschen, die Erholung suchen. Sie sitzen an Tischen auf schön hergerichteten Plätzen und spielen ein Brettspiel oder Karten. Ich habe mir natürlich einen Stadtplan besorgt, und am nächsten Tag besuche ich einen buddhistischen Tempel in Kunming, der mitten in einer schönen Parkanlage liegt. Man bezahlt einen kleinen Eintritt. Es wimmelt von Menschen, die in Gruppen gekommen sind, um zu beten, um Unmengen von Räucherstäbchen abzubrennen, welche man dort kaufen kann, und um sich laut und fröhlich zu unterhalten. Nach einem gemächlichen Rundgang im Garten und im Tempel gehe ich weiter zum nächsten Park, den ich auf meinem Stadtplan sehe. Er liegt an einem See und ist recht groß. Hier sehe ich viele Chinesinnen, die Tai Chi machen. Die langsamen, fließenden Bewegungen strahlen Ruhe und Harmonie aus. Das gefällt mir sehr. Und es gibt noch viele andere Aktivitäten. Neben den üblichen Brett- und Kartenspielen wird vor allem gesungen. Manche singen allein, andere zu zweit, zu dritt oder zu viert, manchmal mit instrumenteller Begleitung, immer aber mit Mikrofon und Verstärker. Zum Teil ist es in meinen Ohren ein schrecklicher Singsang, zum Teil aber auch wunderschön, sodass ich sehr lange zuhöre. Für Geld wird nicht gesungen, es ist einfach ein sehr beliebtes Sonntagsvergnügen, und dort, wo schön gesungen wird, bilden sich bald große Menschentrauben, die zuhören. In diesem Park sehe ich noch vieles, was ich vorher noch nie gesehen habe, zum Beispiel Zuckerwattenverkäufer, die ihre Kübel, in denen die Zuckerwatte hergestellt wird, an Fahrrädern befestigt haben und durch Treten betreiben. Oder große durchsichtige Bälle mit einer Öffnung, wodurch Kinder ins Ballinnere schlüpfen können, danach wird die Öffnung gut verschlossen und der Ball mit Kind darin an einer Schnur auf den See gelassen. Die Kinder können so im Ball drinnen wie ein Hamster im Rad auf dem Wasser rennen und haben viel Spaß. Dies wäre ein toller Importartikel für die Schweiz mit ihren vielen Seen; in meinem Kopf beginnt es schon zu arbeiten. Doch halt, mein Ziel ist ja jetzt nicht, Handel zu treiben, sondern eine gute Akupunkteurin zu werden. Außerdem wären allein die Sicherheitsvorschriften in der Schweiz wohl kaum zu erfüllen. Ha, ich werde älter und vernünftiger; ich muss nicht mehr alles machen.

Behandlung mit Bienen

Am nächsten Tag mein üblicher Trott: Kaffee, Bad, Frühstücksraum, Zimmer, Zähne putzen, Wasserflasche und WC-Röllchen einstecken, zum Spital, Treppe rauf in den 3. Stock und schon habe ich wieder Jennifers Gesellschaft. Ich erzähle ihr von meinem Wochenende. Sie meint, ich müsse mal am frühen Morgen an den See. Dann fänden sich noch viel mehr Menschen zum Tai Chi ein. Dies, die Ruhe, die dann noch herrsche, und der aus dem See aufsteigende Nebel gäben ein wunderbares Bild. Leider habe ich dies nie geschafft, da ich wegen meiner Schlaflosigkeit am Morgen kaum aus dem Bett komme.

Wie immer gehen wir zuerst in den ersten Raum zu Doktor Wang, schauen ihr beim Behandeln zu, schauen uns die bereits behandelten Patientinnen an, machen die Runde zu den anderen zwei Ärztinnen und kommen dann zurück zu Doktor Wang. Sie unterhält sich gerade mit einer Patientin und winkt mir dann, mit ihr zu kommen. Sie zieht eine Bienenschutz-Jacke an, setzt einen Imker-Hut auf und nimmt ein kleines Holzkistchen mit vorne herausziehbarem Gitter mit. Dann verlassen wir das Spital und gehen hinter das Gebäude. Dort wird zu meiner Verwunderung ein Bienenstock gehalten. Doktor Wang hält das Kistchen in den Bienenstock, bis sie ein paar Bienen damit eingefangen hat, verschließt es und wir gehen damit zurück ins Spital und zu ihrer Patientin, die an rheumatischen Gelenkbeschwerden leidet. Doktor Wang nimmt mit einer Klemmzange eine Biene aus dem Kästchen, wobei sie sehr aufpassen muss, dass dabei andere Bienen nicht entwischen. Um sicher zu sein, dass die Patientin nicht allergisch auf Bienenstiche reagiert, hält sie sie ihr zuerst ans Handgelenk. Da die Biene wirklich in der Klemme ist, sticht sie sofort zu. Nun wird eine halbe Stunde gewartet. Nachdem in dieser Zeit keine allergische Reaktion aufgetreten ist, nimmt Doktor Wang eine Biene nach der anderen aus dem Kästchen und hält sie der Patientin an die schmerzenden Gelenke. Eine Akupunkturmethode, die bei uns wohl kaum denkbar wäre, die aber ausgezeichnete Erfolge erzielt. Das Wissen, dass

Bienengift hilft, ist inzwischen aber auch bis zu uns vorgedrungen und es gibt es in verschiedenen Formen zu kaufen. Ich kann aber nicht beurteilen, ob es so gut ist wie direkt von der Biene. Ich denke, besser als operieren ist es allemal. Vor allem Knieoperationen habe ich inzwischen leider schon viele missglückte gesehen.

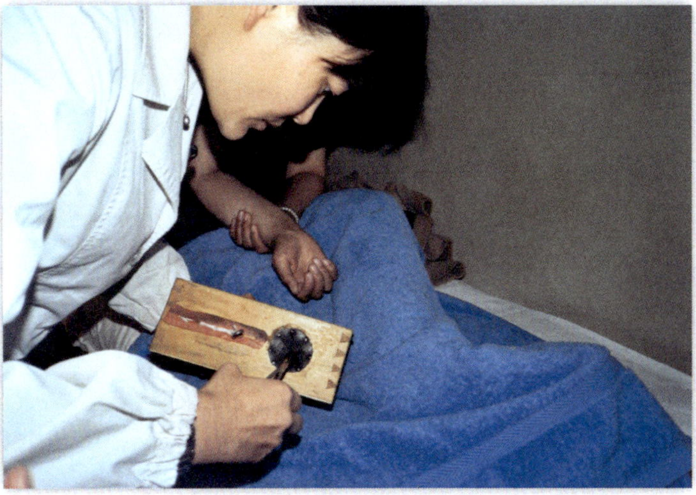

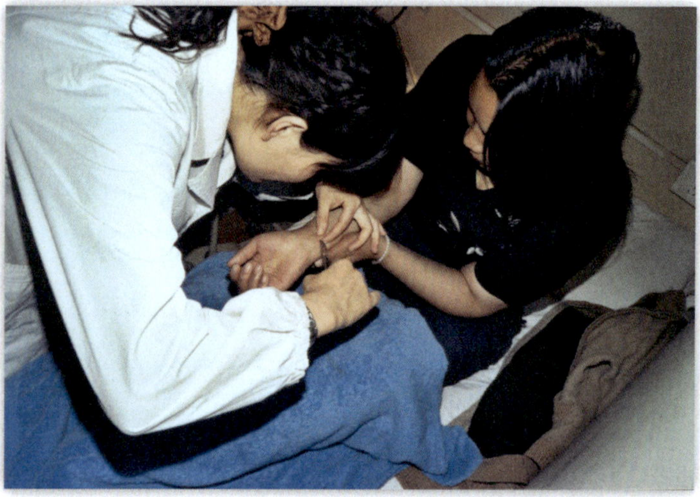

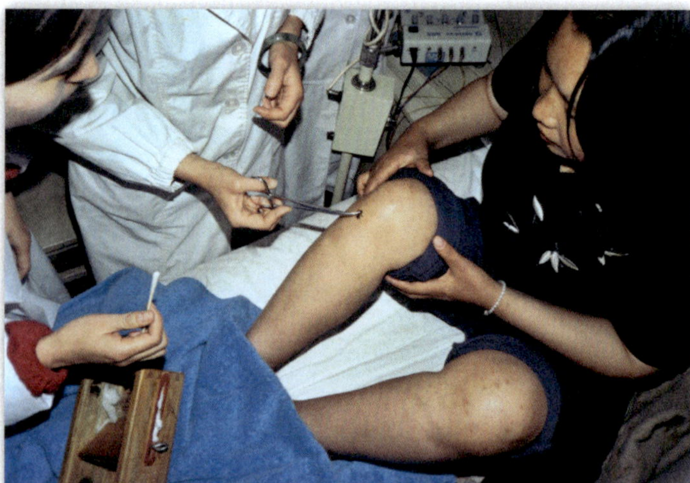

Jennifers Geburtstag

Jennifer erzählt mir, dass ihr Mann in der Schweiz arbeite, ihre Tochter (Einzelkind wie üblich) in Peking studiere, dass sie selber schon in der Schweiz gewesen sei, und sie lädt mich an ihrem Geburtstag zu sich nach Hause ein. Sie würde etwas kochen und es kämen noch ein paar Bekannte, aber ich solle doch früher kommen, dann könne ich mir die Fotos von ihr in der Schweiz anschauen. Ich freue mich sehr über die Einladung und darauf, Fotos von der Schweiz zu sehen, bin ich doch immer noch sehr heimwehkrank. So nehme ich am Abend ein Taxi und zeige dem Chauffeur den Zettel, auf den mir Jennifer ihre Adresse geschrieben hat (in chinesischen Zeichen natürlich). Jennifer wohnt in einer anderen Gegend, etwas weiter weg vom Spital und von meinem Hotel, aber die Taxis sind in Kunming sehr günstig und, so merke ich bald, man kann den Fahrerinnen absolut vertrauen. Sie fahren keine Umwege, und sogar ein Trinkgeld empfinden sie schon fast als Beleidigung und lehnen es freundlich resolut und fast etwas erstaunt, dass man auf so eine Idee kommt, ab. Bei Jennifer angekommen, bin ich nicht die Erste, es ist schon eine Frau da, jünger als Jennifer. Jennifer stellt sie mir als eine Freundin vor, sie ist aber, wie ich später feststelle, vor allem eine Freundin der Tochter und deren Klavierlehrerin. Jennifer ist stolz darauf, dass ihre Tochter ein vielseitiger Mensch ist. Normalerweise machen Kinder, Jugendliche und junge Erwachsene in China nichts anderes als lernen und nochmals lernen. Die Konkurrenz ist groß, und wer etwas werden will, muss schon früh strebsam sein. Das Ziel aller Eltern ist es, ihrem einzigen Kind eine gute Ausbildung zu ermöglichen, sodass es später eine gute Stelle bekommt. Es sollte die Eltern im Alter auch finanziell unterstützen können. Eine Altersrente existiert zwar, aber die reicht gerade für das Nötigste (was ja bei uns oft nicht anders ist). So sind die Eltern fleißig und sparsam, und das Kind zeigt sich erkenntlich durch Fleiß in der Schule. Für Vergnügen bleibt wenig Zeit. Jennifer aber, die schon ein wenig von der Welt gesehen hat, hat ihrer Tochter alles erlaubt und sie unterstützt. So konnte sie Klavier- und Tennisspielen lernen und noch manches andere. Genau diese Vielseitigkeit bewundert Jennifer bei den Schweizerinnen. Nun brenne ich darauf, Jennifers Fotos aus der Schweiz zu sehen. Jennifer gibt mir und der Klavierlehrerin zwei Alben und dann kocht sie emsig, formt und brät, während wir die Fotos anschauen. Es sind Fotos von sich und ihrer Tochter. Obwohl die beiden auf den Fotos hübsch aussehen, bin ich enttäuscht und auch erstaunt. Die Klavierlehrerin ist ausgesprochen begeistert von Jennifers Tochter, ich jedoch frage, nachdem wir die Alben durchgeblättert haben, nach den Fotos aus der Schweiz. Jennifer druckst herum, will einfach nicht damit herausrücken. Ich habe nicht verstanden warum. Da ich insistiere, kommt sie schließlich mit zwei weiteren Alben, die sie mir freundlich reicht. Die Klavierlehrerin und ich blättern begeistert in den Alben. Jennifer war wirklich überall in der Schweiz gewesen. Die Klavierlehrerin ist vor allem begeistert von den Bildern mit Schnee, denn trotz der hohen Lage von Kunming schneit es fast nie und wenn, dann höchstens ein bis zwei Zentimeter und der Schnee bleibt nur kurz liegen.

Dann kommen auch schon die anderen Gäste. Die Alben verschwinden. Wir setzen uns an den schön gedeckten Tisch. Jennifer hat sogar einen Wein gekauft. Das ist relativ neu in China, dass Wein getrunken wird. Früher kannte man in China keinen Wein, nun wird er importiert und es gibt sogar auch chinesischen Wein. Dann kommen Schälchen über Schälchen, Jennifer hört gar nicht mehr auf zu kochen und immer neue Speisen aufzutragen. Das meiste schmeckt gut bis ausgezeichnet. Jennifer setzt sich erst zu uns und isst selber etwas, als wir alle schon fast fertig sind mit essen. Dann wird der Fernseher eingeschaltet, damit die Gäste Unterhaltung haben, während Jennifer aufräumt. Hilfe will sie keine, fernsehen will ich nicht, so unterhalte ich mich mit einem äußerst sympathischen Mönch in einer orangenen Kutte, den Jennifer mir als einen Freund vorgestellt hat. Er trägt die Haare kurz, so ein 3 mm-Schnitt, der einen immer reizt, mit der Hand darüberzustreichen, besonders bei ihm mit seiner lichten Ausstrahlung. Er kann etwas Englisch und freut sich über die Gelegenheit, die Sprache zu üben. Er nimmt ein Buch zur Hand, in Englisch und bebildert. Wir lesen gemeinsam die Texte, schauen uns die Bilder an und nach einer Weile merke ich, dass es sich um die Geschichte Buddhas handeln muss und sehr ähnlich der Geschichte ist, die ich noch vor meiner Abreise zu Hause gelesen hatte: Hermann Hesses ‚Siddharta'. Wir unterhalten uns nun über die kleinen Unterschiede der zwei Geschichten und ich fühle mich in der Nähe dieses Mönchs wohl, aufgehoben und gleichwertig; er hat überhaupt nichts Belehrendes an sich. Inzwischen ist Jennifer fertig mit Aufräumen und Abwaschen, kommt ins Wohnzimmer und findet, wir sollen jetzt gehen, schließlich müssen wir morgen alle wieder arbeiten. Es ist früh, 21 Uhr, und ziemlich perplex und vor den Kopf gestoßen finde ich mich mit dem Mönch auf der Straße wieder. Wir gehen noch ein Stück zusammen. Ich frage ihn, ob er erleuchtet sei. Seine Antwort ist: „Wenn ich 'Ja' sagen würde, solltest du mir nicht trauen." Nach einer Weile und einem Stück des Weges verabschieden wir uns. Erst viel später, längst wieder zu Hause, habe ich in einem Buch gelesen, dass man sich nicht wundern soll, wenn, zu Gast bei Chinesinnen, selbst nach einem gemütlichen und angeregten Abend, dieser abrupt von der Gastgeberin beendet wird. Dies sei in China durchaus üblich und gelte nicht als unhöflich. Was ich inzwischen selber gemerkt habe: Trifft man sich mit Chinesinnen zum Essen, dann geht es wirklich in erster Linie ums Essen und nicht wie bei uns um ein gemütliches Zusammensein. Also auch wenn sie eingeladen sind: Sie essen und gehen wieder. Vielleicht hat es mit der letzten Hungersnot in China zu tun, die ja noch nicht so lange zurückliegt wie bei uns, dass das Essen einen hohen Stellenwert hat. Vor allem ältere Menschen grüßen sich heute noch immer mit den Worten: „Hast Du schon gegessen?" Darauf wird keine ehrliche Antwort erwartet, und wenn man gar mit Nein antworten würde, brächte man die Fragende in arge Verlegenheit, denn sie sähe sich gezwungen, einen einzuladen. Was ich auch einmal hier in der Schweiz gelesen habe: Es gälte als höflich, einen kleinen Rest auf dem Teller zu lassen als Zeichen, dass man genug hat. Ich glaube aber, dies ist eher bei uns eine Regel, in China habe ich bemerkt, dass man kein einziges Körnchen Reis zurücklassen sollte und mein Eindruck war, dass dies als eine Nicht-Wertschätzung des Essens angesehen wird. Allerdings muss man aufpassen, kaum hat man aufgegessen, schon wird von der Gastgeberin der Teller wieder nachgefüllt.

Am nächsten Morgen im Spital sagt mir Jennifer, dass sie nicht möchte, dass jemand wisse, dass sie schon in der Schweiz war, um niemanden eifersüchtig zu machen. Sie meint, dass alle sie beneiden würden, wenn sie es wüssten. Deshalb ihre Zurückhaltung, die Fotos aus der Schweiz zu zeigen. Es soll auch niemand wissen, dass ihr Mann in der Schweiz arbeitet. Ich verspreche, niemandem etwas zu sagen.

Wieder Wochenende

An einem anderen Wochenende lädt Jennifer mich zu einem Ausflug ins Grüne ein, was ich sehr gerne annehme. Es kommt noch eine Frau mit, Jennifers Zahnärztin, und zu meiner Freude auch der Mönch. Die Zahnärztin fährt uns aus der Stadt hinaus zu einem bewaldeten Hügel, und wir steigen hinauf auf einem schönen, von Tannen gesäumten Weg, bis zuoberst, wo sich ein Tempel befindet. Auch ein kleines behelfsmäßiges Restaurant gibt es dort. Der Mönch bestellt etwas, für uns andere hat Jennifer Sandwiches eingepackt, die sie nun großzügig verteilt. Sie meint, ich würde wohl hier sonst Durchfall bekommen. Jennifer kennt sich mit Europäerinnen aus, im Spital hat sie oft mit ihnen zu tun. Ich genieße es, in netter Gesellschaft in der Natur zu sein, und wir erleben einen schönen Tag. Überhaupt kümmert sich Jennifer gut um mich. An einem Nachmittag, an dem nicht viel los ist im Spital, fragt sie mich etwas verschmitzt, denn sie weiß, dass man in der Schweiz zum Baden Bikini trägt, ob ich ihn dabei habe und fordert mich auf, ihn zu holen. Ich gehe zum Hotel, packe alles Nötige ein und treffe mich dann wieder mit ihr. Da kommen auch schon die Zahnärztin und die Klavierlehrerin angefahren (Jennifer hat zwar den Führerschein, aber sie fährt nicht Auto), wir steigen ein und fahren zu einer heißen Quelle. Mitten in den Bäumen gibt es dort im Freien verschiedene kleine runde Teiche mit angenehm warmem Wasser. Es ist sonst niemand hier, und nachdem wir uns umgezogen haben, suchen wir uns einen Teich aus, der groß genug ist für vier Frauen, setzen oder eher legen uns hinein. Wir können alle die Beine ausstrecken, es ist wirklich sehr angenehm und sehr entspannend. Die drei unterhalten sich angeregt auf Chinesisch, so angeregt, dass ich mir nach einer Weile einen eigenen, von ihnen entfernten Teich aussuche für etwas Ruhe. Und die genieße ich. Ich höre nur noch die Vögel zwitschern und ganz entfernt die Frauen schnattern. Nach dem Baden bin ich schon etwas vor den anderen bereit und schaue mich ein wenig um, klettere einen Abhang hinauf und komme zu einem Platz, auf dem ein paar jugendliche Mönche Ball spielen. Da oben gibt es wieder einen Tempel. Die Mönche tragen die gelbe Kutte, ihr Ballspiel ist ausgelassen und fröhlich, und als sie mich sehen, rufen sie mich zu sich. Da klingelt es zur Meditation, sie wollen mich mitnehmen zum Tempel. Da ich annehmen muss, dass die anderen inzwischen auf mich warten, lehne ich mit Bedauern ab. Ich wäre gern mitgegangen, doch die Frauen sind zur Abfahrt bereit.

弘扬佛

Arbeiten mit Guo

Die Ärztin in Raum 2 lächelt nicht mehr. Sie ist wie immer sehr beschäftigt. Nach wie vor und obwohl sie noch nicht alt ist (aber älter als Doktor Wang) finden sich bei ihr die meisten Patientinnen ein. Die Menschen melden sich erst bei ihrem Kommen unten am Empfang an und gehen dann zur Ärztin ihrer Wahl. Als sie uns, Jennifer und mich, nun kommen sieht, packt sie mich freundlich, aber bestimmt, am Ärmel, sagt: „Hilf mir", und zieht mich in Richtung eines Patienten, der behandelt auf einer Liege liegt. „Nimm die Nadeln raus!" Dieser Aufforderung, gepaart mit jenem Lächeln und ihrem intensiven Blick, komme ich mit Freude nach. Nun geht es weiter Schlag auf Schlag. „Dort Nadeln raus!" „Schröpfen!" Ich hatte erst einmal während der Ausbildung mit Feuer geschröpft, aber schon oft zugesehen. Sie gibt mir ein Stück Verbandsmaterial, welches ich zusammengeknüllt in eine Zange klemme und in Alkohol tunke. Sie steht daneben und als ich schon anzünden will, drückt sie den Stoff über der Alkoholflasche aus, er ist zu nass und tropft. Das ist schlecht, denn so könnte Feuer auf den Rücken des Patienten tropfen. Nun kann ich anzünden, die Schröpfkugeln griffbereit. Ich nehme eine in die freie Hand, mit der anderen halte ich das Feuer kurz in die Kugel, sie steht lächelnd daneben: „Schnell!" Dann setze ich sie sofort an den Rücken des Patienten. Sie nickt anerkennend, lässt mich machen und geht zu ihrer nächsten Patientin. Dann: „Dort Nadeln raus", „Schröpfen" und immer so weiter, während sie bereits wieder die nächsten Patientinnen behandelt. Ich freue mich sehr: Endlich habe ich etwas zu tun. Plötzlich geht es nicht mehr darum, in der Schweiz genügend Praktikumsstunden nachweisen zu können, plötzlich habe ich wieder Freude daran, was um mich herum geschieht. Wenn einmal eine Pause eintritt, putze ich die Schröpfgläser, die zum Teil blutverkrustet sind (wenn man dort, wo man die Schröpfkugel setzt, zuvor gestochen hat, wird durch das Vakuum manchmal etwas Blut gezogen), sammle Nadeln und blutige Tupfer vom Boden auf und sortiere die gebrauchten Nadeln nach Größe in Metallkästchen, in denen sie am Abend sterilisiert werden. Schon bald weiß ich, wann etwa die Nadeln rausgenommen und wann und wo geschröpft werden muss. Wenn sie einen freien Moment hat, schaut sie mir beim Schröpfen zu, mit diesem bestimmten Lächeln und dem kurzen prägnanten Nicken hält sie den Daumen nach oben und geht dann energisch weiter. Noch heute sehe ich sie vor mir, wenn ich schröpfe und höre sie sagen: „Schnell!" Zum Schröpfen werden oft auch leere Konservengläser verwendet; man nimmt, was man hat. Und ihre Handbewegung von der Alkoholflasche in die Luft weist mich an, die Flasche immer nach Gebrauch sofort wieder gut zu verschließen, damit sich der Alkohol nicht verflüchtigt. Umgekehrt schaue auch ich ihr, sobald ich einen freien Moment habe, beim Behandeln zu, wobei sie mir ab und zu eine Nadel in die Hand gibt und auf den zu stechenden Punkt zeigt. Immer wieder wählt sie für ihre Behandlung den Punkt Blase 1, am Augeninnenwinkel. Ein guter Punkt für alle Augenerkrankungen, er ist aber sehr heikel und ich habe ihn selber noch nie gestochen, sondern wähle lieber Blase 2 am inneren Ende der Augenbraue, und steche in Richtung Blase 1, das hat einen ähnlichen Effekt. Sie zeigt mir, wie man beim Stechen von Blase 1 den Augapfel beiseite drücken muss, und nach Entfernen der Nadel muss sich die Patientin etwa zehn Minuten einen Wattebausch auf den Punkt drücken, damit es kein blaues Auge gibt. Ich glaube nicht, dass eine europäische Akupunkteurin diesen Punkt je jemandem gestochen hat; ich jedenfalls nicht, obwohl ich im Allgemeinen recht mutig und experimentierfreudig bin. Wir harmonieren wunderbar, und obwohl wir uns mit Worten nur sehr wenig unterhalten können, fließt alles ineinander über. Da ich zu der Zeit Jennifers einzige Studentin bin, hat sie nun Pause und ist manchmal für längere Zeit verschwunden. Ab und zu brauchen wir sie aber doch zum Übersetzen und manchmal findet sie dann, wir müssten mal wieder bei den anderen Ärztinnen vorbeischauen, sonst seien diese beleidigt. Und für den Professor gilt dies erst recht. Wenn er ins Spital kommt, ist es für alle Pflicht, ihm beim Behandeln zuzuschauen und die Ehre zu erweisen. Für alle außer der Ärztin in Raum 2, sie arbeitet einfach weiter. Ungern folge ich Jennifer, die mich zu diesem Anlass holt, und sobald es die Höflichkeit zulässt, kehre ich zurück zu Raum 2. Ich frage die Ärztin, die sich zu freuen scheint, dass ich wieder da bin, nach ihrem Namen. „Guo". „Conny". Sehr ungern verlasse ich an diesem Abend auf Jennifers Feierabend-Zeichen hin das Spital, um mich wieder allein auf Kunmings Straßen zu befinden.

Da Kunming City und Zürich, Schweiz, Schwesternstädte wurden, kamen etliche Schweizer Akupunktur-Praktikantinnen in unser Krankenhaus, um praktische Erfahrungen zu sammeln. Im Gegenzug unterzeichnete unser Krankenhaus und das Schweizer Lianfu Akupunktur Behandlungszentrum eine Vereinbarung zur Entsendung chinesischer Ärzte und 12 unserer Mitarbeiter reisten in die Schweiz, um dort zwei Jahre zu arbeiten. Zu der Zeit schrieb ich gerade an einem Buch über Akupunktur, gemeinsam mit Professor Guan, somit konnte und wollte ich nicht aus China fort, sondern das Projekt zu Ende bringen.

Im Jahr 2006 nahm ich Conny, eine Akupunktur-Praktikantin aus Zürich, die sagte, sie habe Akupunktur in der Schweiz während drei Jahren studiert und ihre eigene Akupunktur-Lizenz erworben, unter meine Fittiche. In den vier Wochen, die sie bei mir war, war es eine sehr angenehme Zusammenarbeit, und obwohl wir aufgrund der Sprache nicht normal kommunizieren konnten, sondern nur mithilfe der Übersetzerin und durch Körpersprache, verstanden wir uns auf wunderbare Weise. Sie ist fokussiert, gut im Denken und liebt es, Fragen zu stellen, sie ist ähnlich wie chinesische Praktikantinnen. Wir Akupunktur-Ärztinnen tun unser Bestes, um den Praktikantinnen beizubringen, die Punkte zu erkennen und die richtigen zu wählen, um eine zufriedenstellende Wirkung zu erzielen, und die chinesischen Patientinnen sind freundlich und arbeiten aktiv mit uns zusammen. Durch unsere gewissenhafte und verantwortungsbewusste Arbeit haben wir die Freundschaft und Anerkennung vieler Schweizer Studentinnen gewonnen.

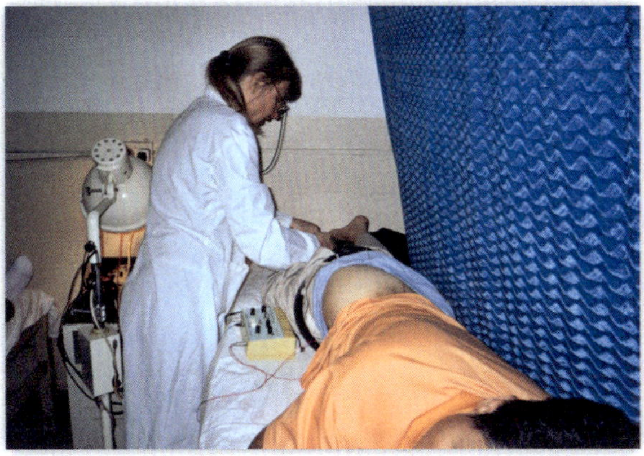

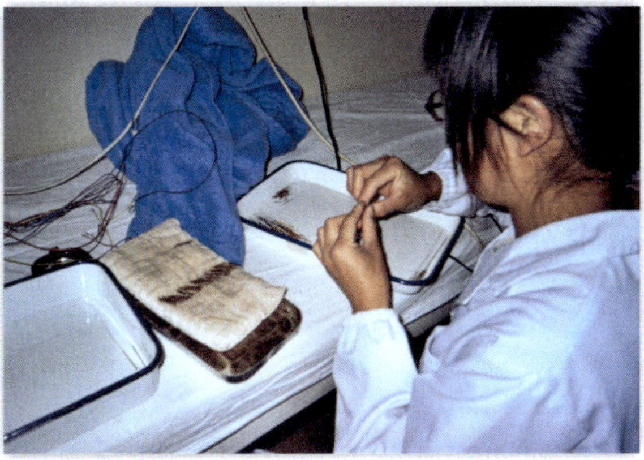

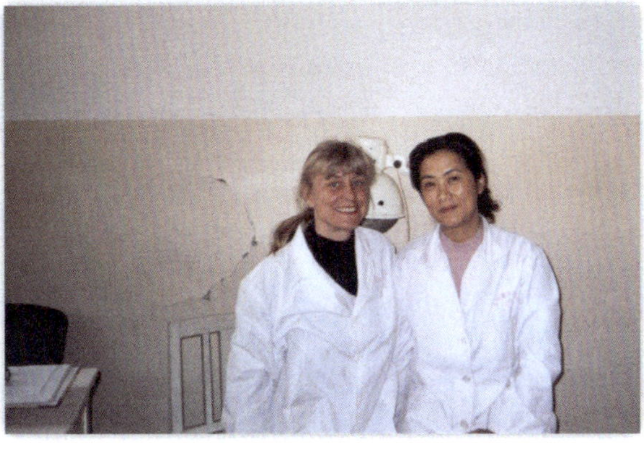

Stone forest

Und schon ist wieder Wochenende. Zufällig stoße ich auf einen McDonalds. Zu Hause frequentiere ich äußerst selten einen solchen, hier aber stellt er etwas Vertrautes dar, und ich trete ein. Die jugendlichen Angestellten sind gut in Englisch unterrichtet und intern geschult, das merkt man gleich, und sie sind stolz und motiviert, hier arbeiten zu dürfen. Das Essen schmeckt wie überall auf der Welt bei McDonalds, einfach normal und vertraut, und es gibt sogar richtige Toiletten, mit Schüsseln, sauber und geruchsfrei, und sogar mit Papier. Noch nie habe ich einen McDonalds so geschätzt.

Jennifer hat mir empfohlen, am Wochenende den Bus in den Stone Forest zu nehmen, der ein beliebtes Ausflugsziel ist. Sie zeigt mir die Bushaltestelle und so mache ich mich am Samstag dorthin auf. Wieder hat sie mir einen Zettel geschrieben, ich zeige ihn dem Busfahrer, damit er mir sagt, wo ich aussteigen muss. Es sind etwa 90 km zu fahren, und irgendwann hält der Bus auf offener Strecke und er bedeutet mir, auszusteigen. Der Bus ist ziemlich voll, aber kein Mensch steigt hier aus und es sind weit und breit auch keine Menschen zu sehen, auch keine großen Steine, nur Wiese weit und breit. Er zeigt mir noch die Richtung, in die ich gehen muss, fährt dann weiter und ich bin allein auf weiter Flur und habe meine Zweifel, ob das wohl richtig sei. So gehe ich in die gewiesene Richtung und plötzlich sehe ich den Eingang und viele Menschen, Autos und Cars. Nachdem ich den Eintritt bezahlt habe, komme ich auf einen Platz, wo sich die Gruppen versammelt haben und lautes Schwatzen mir entgegenschallt. Hier um diesen Platz herum ragen wirklich hohe Steine aus dem Boden. Die meisten Frauen haben, wie überall, wenn die Sonne scheint, ihre Regenschirme aufgespannt, um sich ihre weiße Haut zu bewahren. Braun gilt, ließ ich mir sagen, als unschön, braun sind die Bauern, die auf den Feldern arbeiten müssen. Als chinesische Frau, die etwas auf sich hält, ist man weiß, so weiß wie möglich. Die meisten Frauen haben einen Knirps, und manche halten ihn nur halb geöffnet über den Kopf.

Nun ist mir auch klar, warum es Stone Forest heißt: Wie Bäume ragen hier die Steine hoch in den Himmel. Ein empfohlener Rundweg führt durch sie hindurch, zum Teil geht es rauf und runter, gewisse Steine stehen wiederum auf Felsen. Dieser Rundweg ist sehr belebt mit Menschen, aber immer wieder zweigen Wege von ihm ab. Nach einiger Zeit nehme ich einen dieser Seitenwege, und je weiter ich vom Zentrum wegkomme, desto weniger Menschen begegnen mir. Es ist wie ein Labyrinth, das Ganze soll 500 Quadratkilometer groß sein. Plötzlich komme ich in einen richtigen Wald und gehe dort spazieren. Ich merke mir gut den Weg, um wieder zurück zu den Steinen zu finden, denn hier ist kein Mensch anzutreffen, um zu fragen, und auch als ich nach einer Weile umkehre und mich wieder in die Steine begebe, bin ich ganz allein im Labyrinth. Durch die Steine habe ich mir den Weg nicht gemerkt und ich gehe und gehe und habe keine Ahnung mehr, wo ich bin. Hier ist nichts mehr ausgeschildert, ich hätte nun gern einen Menschen getroffen und es wird mir etwas mulmig. Aber irgendwann kommt dann doch jemand daher, den ich fragen kann und der mir den Weg zurück zum Ausgang weist. Und irgendwie schaffe ich es, wieder den richtigen Bus zurück nach Kunming zu erwischen.

Freundschaft

Ein anderes Mal empfiehlt mir Jennifer eine Massage und nimmt mich mit in eine Praxis, in der sie wiederum die Chefin kennt. Die Massage im Spital, meint sie, sei nicht gut. Ich habe die Wahl und entscheide mich für eine Fußmassage, die ich in der Schweiz als sehr entspannend kennengelernt hatte. Doch hier ist es ein hektisches Gefummel an meinen Füßen, das mich eher nervös macht als entspannt. Es ist ein junger Bursche, und immer wieder rennt er weg, um wieder ein anderes Wässerchen zu holen, bevor er weiterfummelt.

An einem anderen Tag wählt Jennifer eine Gesichtsbehandlung und preist mir diese dermaßen an, dass ich es ihr gleichtue, obwohl ich sonst wegen meiner sehr empfindlichen Haut nichts und niemanden an mein Gesicht lasse. Doch hier in dieser Höhe und dem dauernden Wind fühlt sich meine Haut an wie Schmirgelpapier, und so wage ich den Versuch. Was ich aber schon bald bereue, denn auch hier ist es ein hektisches Gefingere und Geschmiere. Zu guter Letzt wird noch eine lehmige Masse aufgeklatscht. Ich lasse alles über mich ergehen, nur als die Frau dann noch ein Gebläse auf mein Gesicht richtet, wehre ich mich erfolgreich: Wind kann ich gar nicht ausstehen. Doch als alles überstanden ist, bin ich wirklich begeistert vom Resultat: Noch nie hatte ich eine so zarte Haut, mein Gesicht fühlt sich wunderbar an und Pickel, welche ich sonst schnell mal bekomme, sprießen nach dieser Behandlung auch keine.

Nun brauche ich nur noch eine Feuchtigkeitscreme für meinen Körper und gehe dazu in ein Warenhaus. Beim Eintreten steht da jemand, der allen Eintretenden ein Körbchen in die Hand drückt. Ich nehme es entgegen und mache mich auf die Suche, wobei ich auch an einem Brotregal vorbeikomme. Und sehe dort kleine Gipfeli! Ich nehme eines in die Hand, es zerbröselt mir gleich zwischen den Fingern. Ein zweites auch. Sie müssen schon sehr lange dort gelegen haben. Chinesinnen kaufen keine Gipfeli, und chinesische Verkäuferinnen wissen wohl nicht, dass Gipfeli frisch sein müssen. Ich finde das Abteil mit Feuchtigkeitscremes: alles sehr teure Markenprodukte aus aller Welt. Beim Weitergehen sehe ich sie dann: eine profane Nivea Creme. Da kommen Freude und Heimatgefühle auf!

Was ich in diesem Warenhaus auch sehe und auch vorher schon ab und zu gesehen habe: Die Leute machen überall mal schnell ein kleines Nickerchen, sogar auf ihren Einkaufswagen gestützt können sie kurz ein Schläfchen halten.

Im Spital bin ich eigentlich nur noch in Doktor Guos' Räumen. Es macht mir Spaß, ihren Anordnungen zu folgen, Freude, in ihrer Nähe zu sein, und in jeder sich bietenden Pause versuchen wir uns etwas zu erzählen, wobei wir manchmal Jennifer rufen müssen. Guo hat viele Schmerzpatientinnen, sie behandelt meist lokal, also dort, wo der Schmerz sitzt, mit Akupunktur, Schröpfen und sie gibt auch Spritzen. Auf meine Frage hin, was sie da spritzt, erfahre ich, dass es eine pflanzliche Lösung, aber manchmal auch Kortison ist. Einmal gibt sie mir eine solche Spritze in die Hand, doch da muss ich passen. In der Schweiz dürfen wir als Therapeutinnen keine Spritzen geben und es ist mir nicht daran gelegen, dies hier zu tun. Unter anderem schröpfe ich nach wie vor oft, doch jedes Mal muss ich mich zuerst auf Feuersuche begeben, deshalb kaufe ich bei der nächsten Gelegenheit ein paar Feuerzeuge und lege sie zur Benutzung für alle hin. Doch auch diese sind schnell wieder verschwunden, und so achte ich nun darauf, immer mein eigenes Feuerzeug in meiner Tasche zu haben.

Jennifer wundert sich darüber, dass ich Guo so schön finde, und meint, dies gelte in China nicht als schön. Sie zeigt auf eine kleine bleiche Krankenschwester: „Das betrachten wir als schön." Na, die Geschmäcker sind verschieden, doch Jennifer weiß ja, dass in der Schweiz braun als schön angesehen wird, und Guo hat einen eher dunklen Teint und bekommt in der Sonne leicht Sommersprossen. Es macht ihr nicht viel aus, und auch ihre Natürlichkeit trägt zu ihrer Schönheit bei.

Es fühlt sich nun nicht mehr gut an, am Ende des Praktikums von hier wegzugehen und sie vielleicht nie mehr zu sehen, und so frage ich sie spontan, ob sie mich einmal in der Schweiz besuchen käme? Da sie nicht sicher ist, mich richtig verstanden zu haben, ruft sie aufgeregt nach Jennifer, und es stellt sich heraus, dass sie das sehr gerne möchte. Ich erfahre auch, dass viele Ärzte dieses Spitals schon in der Schweiz gearbeitet haben. Nach Schweizer Gesetz für chinesische Akupunktur-Ärztinnen (in der Schweiz dürfen sie sich nicht Ärztinnen nennen, sondern Therapeutinnen) war es damals möglich, auf Einladung einer TCM-Praxis hin für zwei Jahre in der Schweiz zu arbeiten. Einmal, als eine ganze Gruppe ihres Spitals in die Schweiz reiste, hätte sie mitgehen können, aber da arbeitete sie gemeinsam mit dem Professor an einem Buch, über Akupunktur natürlich, und wollte nicht weg. Die Aussicht, nun doch noch die Schweiz zu sehen zu bekommen, freut sie außerordentlich. Auf eine Ecke einer Zeitung schreibt sie in zierlicher Schnürchenschrift: ‚help me'. Als ich einmal am Tisch sitze, beugt sie sich zu mir hinunter und singt mir ‚happy Birthday' auf Chinesisch ins Ohr (zhu ni shang re kwai le). Ich bin verblüfft, berührt und muss lachen, erstens über die Art, wie sie mir das Lied präsentiert und zweitens dass es dieselbe Melodie sogar in China gibt. Und einmal, als ich bei einer Patientin beschäftigt bin, höre ich sie vom Aufenthaltsraum her rufen (Chinesinnen rufen oft, wo andere sprechen, ähnlich wie Spanierinnen): „I love her". Nun bin ich es, die während des Arbeitens vor sich hin lächelt, doch Jennifer korrigiert: „like, es heißt like". Etwas weniger überzeugt, weniger laut und euphorisch und eher fragend wiederholt sie: „like". Sie lässt mich auch immer öfter die Nadeln setzen bei ihren Patientinnen. Jennifer sieht meine Freude und ruft vom Tisch her begeistert: „Ich sage den Studentinnen immer, sie sollen sich mit den Ärztinnen anfreunden." Ein anderes Mal ruft sie: „Das ist nur, weil du sie eingeladen hast." Nach und nach habe ich den Eindruck, dass Jennifer selber zur Eifersucht neigt und dieses Gefühl vielleicht zu Unrecht anderen unterstellt. Ich rufe zurück: „Da hätte ich sie wohl schon früher einladen sollen", was sie denn doch zum Lachen bringt. So ist das in diesem Spital, es gibt kein Konzept, nachdem die Praktikantinnen ausgebildet werden, sondern man nimmt teil am Alltag des Spitallebens, was mir auf die Art gut entspricht. Es gibt viele Länder, in deren Spitäler Praktika für Akupunktur angeboten werden. Einige Mitschülerinnen sind nach Vietnam gegangen oder nach Nepal, auch auf Malta werden Praktika angeboten und selbstverständlich kann man die obligatorischen Praktikumsstunden auch in der Schweiz absolvieren, entweder in der Schule, in welcher man die Ausbildung gemacht hat oder in einer anerkannten Praxis. Mir schien es am naheliegendsten, dies in dem Land, wo die Chinesische Medizin herkommt, zu tun. Im ‚Leitfaden' für Chinesische Medizin von Claudia Focks fand ich verschiedene Empfehlungen. Kunming sprach mich gleich am meisten an: freundliche Menschen, günstige Preise, angenehmes Klima. Und außerdem Partnerstadt von Zürich. Der Name ‚Stadt des ewigen Frühlings' stimmt allerdings nicht mehr so ganz, es kann im Sommer recht heiß werden, bis 30° und im Winter auch mal unter null Grad haben, wenn auch nur für kurze Zeit. Nun ist es Frühling und sehr angenehm, aber im Hotelzimmer ist es doch immer eher kühl, sodass ich mich nicht oft dort aufhalte außer zum Schlafen und es mich nach draußen in die Wärme zieht. Die Kärtchen liegen immer noch auf dem Bett und finden nicht viel Beachtung. Guo hat mir erzählt, dass es nur nördlich des Yangtse-Flusses Heizungen gäbe, in allen Provinzen südlich davon werde nicht geheizt.

Weltausstellung

Und schon ist meine Zeit hier auch schon bald wieder um, noch ein Wochenende und dann noch eine Woche. Auf meinem Stadtplan habe ich etwas außerhalb von Kunming ein großes Gelände gesehen, auf dem eine Weltausstellung war, die anscheinend immer noch steht. Ich nehme mir ein Taxi dorthin und ich freue mich schon auf die Präsentationen all der Länder. Und selbstverständlich nehme ich an, am Stand der Schweiz Schweizer und Schweizerinnen zu treffen, wieder einmal Schweizerdeutsch sprechen zu können und etwas Schweizerisches zu essen. Das Taxi fährt mich zu einem kleinen Kabäuschen, wo ich den Eintritt bezahlen kann. An den großen Schalteranlagen ist ein 10 x höherer Preis angeschrieben, aber dort ist niemand und es sind nur wenige Personen, die durch die wunderschönen chinesischen Gärten spazieren, die gut die Hälfte der ganzen Anlage ausmachen. Die Länder Europas haben alle einen sehr kleinen Platz, für die Schweiz steht ein künstlicher Schneeberg, ein kleiner Fluss macht eine Runde und fließt durch den Tunnel im Schneeberg, es gibt kleine runde Boote, mit denen man für einen Yuan einmal um den Berg herum und durch den Tunnel fahren kann. Sie sind mit Blumen, ich glaube, es sind künstliche Orchideen, geschmückt und sehen für mich eher thailändisch als schweizerisch aus. Und natürlich ist es ein Chinese, der den Yuan entgegennimmt und einem ins Boot hilft. Zu essen gibt es auf der ganzen Anlage nichts. Ein bisschen enttäuscht verlasse ich, nachdem ich alles angeschaut habe, das Gelände und steige in irgendeinen Bus, der mir in die richtige Richtung zu fahren scheint. Ich denke mir, wenn ich an einem falschen Ort ankomme, kann ich immer noch ein Taxi zum Hotel nehmen. Doch tatsächlich erkenne ich nach einiger Zeit die Umgebung und steige am richtigen Ort aus, was mich gleich ein bisschen stolz macht.

Letzte Woche in Kunming

Als ich am Montag wieder ins Spital komme, steht neben Guo ein Assistenzarzt in Guos Räumen. Zu tun gibt es genug, und ich mache wie gewohnt meine Arbeit und folge ihren Anweisungen. Doch plötzlich fängt der Assistenzarzt an, mir Anweisungen zu geben. Einige Male führe ich diese aus, aber es gefällt mir gar nicht, obwohl ich weiß, dass es auf Guos Geheiß hin geschieht. Schon als Teenager in der Schule war mir klar, dass ich nie für einen Chef arbeiten würde und habe mich schon früh nach der Ausbildung selbstständig gemacht, zunächst im Gastgewerbe. Also habe ich auch in meiner letzten Woche hier, meiner letzten Woche mit Guo, ganz sicher nicht vor, den Anweisungen eines Mannes folgen. So gehe ich, als sie einmal am Tisch sitzt, zu ihr hin und flüstere ihr ins Ohr: „Du sagst mir, was ich tun soll!" Eigentlich wollte ich vermeiden, dass er es hört, denn ich möchte ihn ja nicht beleidigen, doch da sie sich wieder nicht sicher ist, mich richtig verstanden zu haben, wiederholt sie meinen Wunsch laut, was mir nun dem Assistenzarzt gegenüber ein bisschen peinlich ist, doch der lächelt nur, und von nun an ist es wieder wie vorher.

Am Abend gehe ich nochmals mit Jennifer und dem Mönch essen. Wir besuchen ein schönes und ruhiges Restaurant. Normalerweise finden die Chinesinnen, je lauter und voller ein Restaurant ist, desto besser ist es. Nicht so Jennifer, und wenn sie das Essen bestellt, schmeckt es immer sehr gut. Sie fragt mich: „Magst du Fisch?" «Ich mag Fisch sehr, aber ich möchte nicht, dass ein Fisch wegen mir sterben muss", antworte ich ihr ehrlich. Auch hier gibt es ein Aquarium. Und der Mönch stimmt mir zu: „Ich möchte auch nicht, dass ein Fisch wegen mir sterben muss." So bestellt Jennifer unter anderem Tofu, welcher eine ganz andere Konsistenz als der Tofu bei uns hat, viel weicher, und er schmeckt sehr gut, wie alles andere, das sie bestellt. So langsam lerne ich die echte chinesische Küche kennen und lieben.

Am Mittwoch meiner letzten Woche hier gehe ich wie gewohnt um 17.30 Uhr mit Jennifer zu den Garderoben und verlasse dann das Spital. Es ist ein schöner, sonniger Tag, etwas in mir sträubt sich, mich vom Spital zu entfernen und so setze ich mich auf die Treppe vor dem Portal. Ich weiß gar nicht recht, wie mir geschieht und fühle mich etwas verloren. Schließlich entscheide ich mich dennoch, zum Hotel zu gehen. Aber im Hotel habe ich auch keine Ruhe. Ich lege mich kurz hin, dann stehe ich wieder auf und gehe zurück zum Spital. Ich denke, ich lasse es darauf ankommen, ob jetzt noch jemand dort ist, und steige die zwei Treppen hinauf zu den Behandlungsräumen. Die Ärztinnen haben sich in Guos Raum um den Tisch herum versammelt, besprechen etwas und essen Sonnenblumenkerne, Papierkram liegt herum. Guo verhält sich, als wären wir verabredet, freudig, dass ich schon da bin. „Warte einen Moment", sagt sie, weist mir einen Platz am Tisch zu und schiebt mir die Sonnenblumenkerne zu. Nach einer Weile verabschieden sich die anderen, wir sind allein und ich frage sie, ob sie morgen mit mir essen geht. Sie schaut mir tief in die Augen und fragt: „Nur wir beide?" Doch wir einigen uns, dass wir Jennifer zum Übersetzen dabeihaben müssen. Denn wir möchten unter anderem ihren Besuch bei mir in der Schweiz besprechen.

Auch Jennifer hat Zeit und wir verabreden uns. Das ist ein großer Unterschied zur Schweiz: Wenn man sich in der Schweiz mit jemandem verabreden will, muss man das meist schon lange Zeit im Voraus tun, hier haben die Menschen immer spontan Zeit. So gehe ich am nächsten Abend zuerst ins Hotel und mache mich dann auf den Weg, um Jennifer zu treffen. Ich bin ein bisschen nervös, ob Guo tatsächlich kommt. Bis jetzt habe ich sie ja immer nur im Spital gesehen. Jennifer führt mich zu einem großen, lärmigen Restaurant. Es ist bis auf den letzten Platz besetzt. Wir sehen uns um und sehen Guo nirgends. Jennifer ruft sie an, und wir gehen in die obere Etage des Restaurants, die ebenso laut und voll ist. Da sehen wir Guo, die uns auch gesehen hat und aufsteht, und wir gehen zu ihr. Ich bin erleichtert und freue mich, dass sie da ist. Sie hat sich schön gemacht und ein Kleid angezogen; sonst habe ich sie nur in Hosen und mit weißem Kittel gesehen. Wir bestellen und haben einen sehr schönen Abend, an dem wir dank Jennifer viel Persönliches austauschen können. Guo kam mir immer wie eine alleinstehende Frau vor, die selbstbewusst ihren Weg geht. Nun erfahre ich zu meinem Erstaunen, dass sie verheiratet ist und Mutter eines 15-jährigen Sohns. „Was denkst du denn", meint Jennifer, „sie ist 42, da muss man verheiratet sein." Da wundere ich mich, was denn ihr Mann dazu meint, dass sie in die Schweiz gehen will. „Er ist stolz auf sie, dass sie diese Möglichkeit hat." Nach dem Verlassen des Restaurants stehen wir zu dritt draußen, um uns voneinander zu verabschieden, und Jennifer erklärt mir, wie ich zurück zum Hotel komme. Da ich keinerlei Orientierungssinn habe, wirke ich wohl etwas unsicher, da sagt Guo: „Ich begleite Dich." Wir verabschieden uns von Jennifer, gehen Seite an Seite und sie nimmt meine Hand. Wir kommen zu dem beleuchteten Fluss, sie kramt all ihr Englisch hervor und erzählt mir, dass man früher darin baden konnte, der Fluss aber jetzt sehr schmutzig sei. Dennoch sieht es romantisch aus mit der Beleuchtung. Ich frage sie, wie lange sie denn in der Schweiz bleiben wolle. „Ein Jahr", kam es sehr bestimmt. Überrascht bleibe ich stehen, merke, dass sie nicht nur zu Besuch kommen, sondern dort (bei mir?) arbeiten will. „Ein Jahr? Und dein Sohn?" „Mein Mann kümmert sich um ihn." „O.k.! Ich werde mich informieren, was es braucht dazu." Wir sind bei meinem Hotel angekommen und verabschieden uns.

Und schon ist mein letzter Tag im Spital gekommen. Wie immer gehe ich allein Mittagessen (es ist mir nie in den Sinn gekommen, jemanden zu fragen, zusammen essen zu gehen). Jennifer hat mir einmal eine Markthalle voller Blumen gezeigt, nach dem Essen in der Mittagspause gehe ich dort hin und kaufe drei Sträuße Lilien zum Abschied für Jennifer, Doktor Wang und Doktor Guo. Die drei freuen sich alle sehr und Jennifer findet, das habe ich gut gemacht. Sonst ist alles wie immer: Wie immer zeigt Guo ihr wunderbares Lächeln, als ich ihre Räume betrete, wie immer reiche ich Guo die Nadeln, setze selber ab und zu eine, nehme Nadeln raus, sortiere sie nach Größe in der Blechschachtel, putze Schröpfkugeln, lese Wattebäuschchen und Nadeln vom Boden zusammen und schröpfe auch. Und wie immer gibt Jennifer um 17.30 Uhr das Zeichen für den Feierabend. Mit Bedauern verabschiede ich mich von Guo, die noch immer viel Arbeit hat, und auch von den anderen Ärztinnen. In der Garderobe ziehe ich langsam meinen Kittel aus und merke, dass ich das gar nicht will. „Jennifer, ich möchte noch bleiben." Jennifer stimmt sofort zu: „Ja, natürlich." Ich ziehe die Schürze wieder an und gehe freudig nach unten. Schwungvoll betrete ich Guos Raum, sie lächelt, dass ich wieder da bin und wir arbeiten weiter Hand in Hand.

Abschied

Nun habe ich mich endgültig von Guo verabschiedet und packe im Hotelzimmer meine Sachen zusammen. Mit den Kärtchen habe ich nicht viel gelernt, aber der Aufenthalt war eine unglaubliche, faszinierende und für mich extrem andersartige Erfahrung. Ein bisschen Kulturschock war auch dabei und großes Heimweh. Am nächsten Morgen geht es zum letzten Mal zum Frühstücksbuffet, das letzte Mal sehe ich die überdimensionale Werbung gegenüber, es ist immer noch derselbe Film. Ich habe Zeit, mein Flug geht erst gegen Abend. Alle im Hotel, auch die Zimmermädchen, verabschieden sich sehr nett von mir. Zum Mittagessen gehe ich nochmals in das von Jennifer empfohlene Restaurant. Da öffnet sich die Tür und herein kommen Doktor Wang mit Ehemann und Tochter. Ihr bleibt fast die Luft weg, als sie mich sieht. Sie ist sehr nett, und sie wäre wohl auch gerne in die Schweiz eingeladen worden. Ich freue mich, sie zu sehen und bedaure gleichzeitig außerordentlich, dass es nicht Guo ist, die hereingekommen ist. Sie fehlt mir schon jetzt. Doktor Wangs Tochter ist klein, zu klein, denke ich, um von der Mama so lange allein gelassen zu werden. Doktor Wang ist ganz aufgeregt, mich zu sehen und nun trägt mir ihr kleines Mädchen mitten im Restaurant ein nicht enden wollendes Lied vor, immer kommt noch eine Strophe. Nachdem sie endlich geendet hat und ich sie gebührend gelobt habe, verabschiede ich mich und mache mich auf den Weg zum Flughafen. Dort möchte ich gern noch meine restlichen Yuan wechseln, es sind noch ein paar Hundert, umgerechnet etwa 80 Franken. Ich werde wieder nach außerhalb des Flughafens geschickt an einen Bankschalter, das heißt es sind zwei Bankschalter, zwei Kabäuschen im Freien, in denen je eine Frau sitzt. Ich gehe zu einer von ihnen und möchte mein Geld zum Wechseln geben. Sie sagt etwas auf Chinesisch, was ich natürlich nicht verstehe. Die zweite Frau fragt mich auf Englisch, ob ich Chinesisch spreche. Ich schüttle den Kopf und denke mir, wer spricht schon Chinesisch außer den Chinesinnen, ich hielt es für ein Ding der Unmöglichkeit, diese Sprache zu lernen. Nun fängt die Frau an meinem Schalter an, Geld zu zählen, Berge von Geld, sie zählt und zählt und hört gar nicht mehr auf. Ich warte immer noch und denke, dass sie mir mein Geld wechseln wird, wenn sie fertig gezählt hat. Stur zählt sie weiter und beachtet mich nicht mehr. Nach gefühlt sehr langer Zeit, in der ich geduldig warte, gibt mir die Frau am zweiten Schalter zu verstehen, dass sie das Geld nicht wechseln können. Verwundert, weil man mich doch hierhin geschickt hatte, mache ich mich wieder auf zum Flughafen. Zu Hause werde ich das Geld jemandem schenken, der nach China reist. Dass ich nochmals herkomme, glaube ich zu jenem Zeitpunkt nicht, ich halte es sogar für völlig ausgeschlossen.

Papierkram

Wieder zu Hause, hatte ich einen Kulturschock der anderen Art. Ich musste mich zuerst wieder eingewöhnen. Die Luft schien mir schwer, dick, na ja, ich war lange Zeit auf 2000 Meter Höhe, die Vögel sangen in unserem Garten, alles war vertraut und gleichzeitig fremd. Ich freute mich, wieder selbst zu kochen. Ich koche sehr gern. In den ersten 24 Stunden kochte ich mir fast alle zwei Stunden etwas, aber es dauerte noch eine Weile, bis ich wieder ganz angekommen war. Die Abschlussprüfung der Schule hatte ich schon vor meiner Abreise bestanden, nun standen mir noch die Prüfungen des Schweizerischen Berufsverbandes für Akupunktur bevor. Da ich nun meine Praktikumsstunden (600) beisammen hatte und auch sonst alle Anforderungen an die Ausbildung erfüllte, konnte ich mich dort anmelden. Um im Kanton Zürich von der Gesundheitsdirektion eine Praxisbewilligung zu erhalten, sind diese Prüfungen notwendig; glaubte ich jedenfalls damals. Später war ich mir nicht mehr sicher, denn bei einer Weiterbildung traf ich einen ehemaligen Studienkollegen, einen vom ersten Ausbildungsjahr aus jener Klasse von Ralf Luthart. Er war außer mir der Einzige aus unserer Klasse, der bis zum Schluss durchgehalten hatte trotz selbst während der Ausbildung ständig steigenden Anforderungen und ebenfalls sämtliche Kriterien, die es zu einer Krankenkassenanerkennung brauchte, erfüllte, außer dass er die Prüfungen des Berufsverbandes nicht gemacht hatte und trotzdem praktizierte. Bis zu den Prüfungen hatte ich aber noch Zeit, um mich vorzubereiten und nahm meine Kärtchen wieder hervor. Und ich informierte mich, was es braucht, um Guo zu mir einzuladen und mit ihr in meiner Praxis zusammenzuarbeiten. Schnell merkte ich, dass dies nicht so einfach sein würde, und wenn ich gewusst hätte, was da alles an Papierkram auf mich zukäme, hätte ich es wohl, stur wie ich bin, trotzdem versucht. Ich war euphorisch beim Gedanken, mit Guo hier in meiner Praxis zu arbeiten und ihr die Schweiz zu zeigen. Im Schweizer Konsulat in Peking erhielt ich die Auskunft, sie seien die erste Anlaufstelle und alle Unterlagen müssten zuerst an sie gehen. Dazu brauchte es einiges von mir, zunächst einen Arbeitsvertrag, den ich auf Deutsch und Englisch ausstellte, und dann noch von einer Chinesin ins Chinesische übersetzen ließ, sodass auch Guo alles verstehen konnte. Von Guo brauchte es ebenfalls viele Unterlagen, vor allem betreffend ihrer Identität, ihrer Familie, ihrer Ausbildung, ihrer Anstellung, und auch Formulare, die sie auszudrucken und auszufüllen hatte. Und alles in 5-facher Ausführung. Ich teilte ihr per E-Mail mit, was sie alles haben und machen musste.

Doch die Dame vom Migrationsamt meinte, im Gegensatz zum Herrn vom Schweizer Konsulat: Zuerst müssten die Unterlagen natürlich an sie gehen, ohne ihre Einwilligung könne niemand einreisen und eine Stelle antreten. Und dann bräuchte es natürlich eine Arbeitsbewilligung. Dazu erhielt ich vom Migrationsamt ein Formular, welches ich ausgefüllt ans Amt für Wirtschaft und Arbeit zu senden hatte. Bei einem Telefongespräch mit der für Chinesinnen zuständigen Dame dieses Amtes fragte sie mich nach dem Vornamen der Therapeutin (aus Versehen hatte ich Ärztin gesagt, dies ärgerte sie schon ziemlich). „Guo", sagte ich. Nun wurde sie erst recht ärgerlich: Sie wolle den Vornamen wissen. Nun wusste ich aber beim besten Willen keinen anderen Vornamen als diesen, und erst später wurde mir klar, dass Guo der Familienname ist, dass die Chinesinnen sich beim Familiennamen rufen und dass der Familienname meist einsilbig und der Vorname zweisilbig ist.

Mit dieser Dame sollte ich noch öfter Kontakt haben, bis sie mir schließlich einen abschlägigen Bescheid erteilte. Ich konnte es nicht fassen, fragte sie, was sie mir sonst für Möglichkeiten vorschlagen könne, doch sie berief sich auf ihre Vorschriften und beharrte darauf, ich könne keine Chinesin einladen und außerdem hätte ich ja noch nicht mal eine Praxisbewilligung. Ich meinte immer noch, es müsse doch eine Möglichkeit geben, sah sie als alleinige Schuldige unserem Glück entgegenstehen, doch sie war sehr abgegrenzt, auf keine Weise hilfsbereit und berief sich immer nur auf ihre Vorschriften. Da ich es keinesfalls akzeptieren konnte, mein Versprechen Guo gegenüber nicht einhalten zu können, meinen Traum, mit ihr zusammenzuarbeiten, davonschwimmen sah, und da mich Leute, die sich auf Vorschriften berufen, um nicht selber denken, um keine menschliche Regung zeigen zu müssen, schon immer wütend machten, ließ ich mich zu einer dummen Bemerkung hinreißen. Darüber, wie schlimm es schon oft auf der Welt gekommen war wegen Menschen, die sich nur auf Vorschriften berufen. Blöd, denn diese Dame hatte die ganze Macht auf ihrer Seite, sie allein entschied über Freud oder Leid und nun hatte ich es mir mit ihr natürlich ganz und gar verdorben, und selbst Beziehungen konnten jetzt nicht mehr helfen.

Aber ich wollte nicht aufgeben und bat einen mir bekannten Anwalt um Hilfe. Der brachte mir irgendwann ein ganzes Dossier Unterlagen mit Regeln vorbei, um Ausländerinnen in der Schweiz anzustellen. Es betraf Ausländerinnen aus Europa, dann Ausländerinnen aus allen anderen Ländern außerhalb Europas, alles war zu finden außer Bedingungen für Chinesinnen. Für diese, las ich, würden spezielle Regeln gelten. Und die waren nirgends zu finden. Dann hatte ich die Idee, mich an Herrn Wagner zu wenden, der zu jener Zeit zuständig war für die Städtepartnerschaft mit Kunming, und schilderte ihm mein Problem. Er meinte, es gäbe zwar einen Studentenaustausch zwischen den Schwestern-Städten, aber für chinesische Ärztinnen gälten besondere Regeln. So müsse die Leiterin einer anerkannten TCM-Praxis sie einladen und außerdem müsse dort auch ein Arzt oder eine Ärztin der westlichen Medizin angestellt und anwesend sein. Schließlich suchte ich die Leiterin einer TCM-Praxis auf, eine Chinesin, und bat sie, mir zu helfen und Guo pro forma in ihre Praxis einzuladen. Nach einigem Überlegen und nach einiger Zeit, in der sie mich einfach stehen ließ, kam sie schließlich wieder und meinte, sie würde Guo einladen, wenn ich dafür einen ihrer Ärzte heiraten würde, damit er in der Schweiz bleiben könne. Dies ging mir dann doch zu weit.

Während all dieser Zeit telefonierte ich oft mit Guo. Ich hatte eine Telefonnummer herausgefunden, mit der man für zehn

Rappen pro Minute mit China telefonieren konnte. Die Unterhaltung war natürlich etwas schwierig, und manchmal schwiegen wir lange. Oft hörte ich ein Rascheln und wusste, sie sucht im Wörterbuch nach einem Wort. Und oft sagte sie, nachdem ich ihr etwas erzählt hatte, „Jajajaja". Bald merkte ich, dass sie bei so einem Schwall von „Jaja" gar nichts verstanden hatte. Dann fragte ich nach: „Hast du verstanden?" „Nein." Sie versprach, Englisch zu lernen. In Kunming gab es einen sogenannten ‚english corner', dort trafen sich Menschen, die Englisch lernen oder ihr Englisch auffrischen oder üben wollten, einmal pro Woche, um sich in Englisch zu unterhalten oder Geschichten zu erzählen. Dorthin ging sie nun regelmäßig und erzählte mir davon. Und ich erinnerte mich, dass ich auf dem Dachboden noch viele Kassetten und Bücher eines Englisch-Lehrgangs der Matura hatte. Aus diesen machte ich nun ein Paket und schickte sie ihr. Es war ein großes und teures Paket, und als es bei ihr ankam, war sie in freudiger Aufregung. Ob sie allerdings je hineingeschaut oder die Kassetten gehört hat, weiß ich nicht, sie hat danach nie mehr etwas erwähnt. Wir besprachen auch immer wieder, was sie alles für Unterlagen brauchte, um in die Schweiz zu kommen und hier arbeiten zu können, doch ich hatte den Eindruck, dass es bei ihr nicht so richtig vorwärtsging. Dann, bei einem Telefongespräch am Tag vor meinen Prüfungen in Basel, erfuhr ich, dass sie noch gar nichts gemacht hatte. Ich war so konsterniert und auch etwas wütend, dass ich die Nacht beinahe schlaflos verbrachte, und ich sah schwarz für die Prüfungen.

Prüfungen

Die Prüfungen der Schweizerischen Berufsorganisation (SBO) fanden in Basel statt, um genau 8.45 Uhr; wer zu spät kam, wurde nicht mehr eingelassen. Natürlich war ich nervös, geschlafen hatte ich ja sowieso nicht, und stand schon um 5 Uhr auf, um ja nicht zu spät zu kommen, denn mit dem Verkehr weiß man nie genau, wie lange man hat. Als ich in Basel einfuhr, lag ich gut in der Zeit. Ich hielt mich genau an die Wegbeschreibung und fuhr in einen Tunnel. Da ging am Auto vor mir eine Leuchtschrift los, auf der ich (ich?) aufgefordert wurde, hinterher zu fahren, das heißt diese Straße zu verlassen. Zunächst war ich überzeugt, das konnte nicht mich betreffen, und wenn ich nun anders fahren würde als in der Wegbeschreibung würde ich die Prüfungsräume nie finden. Doch die Polizei insistierte, ich musste die Ausfahrt nehmen und anhalten. Sie waren eigentlich nett und wiesen mich darauf hin, dass ich im Tunnel das Licht nicht angeschaltet hätte. Ach, das Auto war bei der Durchsicht, davor ging das Licht bei Dunkelheit automatisch an, deshalb war ich es nicht gewohnt, das Licht einschalten zu müssen. Ich konnte weiterfahren, aber wohin jetzt? Sie zeigten mir den Weg, fuhren sogar ein Stück vor mir her, aber auf dieser Straße war Stau und ich war sehr angespannt. Schlussendlich konnte ich, als ich endlich ankam, gerade noch ins Prüfungszimmer witschen und schon ging die Tür zu. Zuerst wurden uns die Regeln erklärt: Auf die Toilette darf immer nur eine Person und diese wird begleitet von einer Aufsicht. Andere Gründe, den Raum zu verlassen, gibt es nicht. Dann wurden die Blätter ausgeteilt, zuerst verkehrt vor einem auf den Tisch, erst als alle ihre Blätter hatten, durften sie umgedreht und mit dem Beantworten begonnen werden. Mit Wasser und belegten Brötchen wurde gut für uns gesorgt. Für die Prüfungen hatten wir insgesamt fünf Stunden Zeit, alles multiple choice. Als ich meine Blätter umdrehte und mit dem Lesen begann, war ich so entmutigt, dass ich mir überlegte, gleich wieder nach Hause zu fahren. Dann aber sagte ich mir, da ich nun schon mal hier bin, probiere ich es einfach. Alles wurde geprüft: Anatomie, Pathologie, Hygiene und Akupunktur. Es war wirklich streng, sich fünf Stunden ohne eine Pause zu konzentrieren. Ich saß bis zuletzt über den Blättern. Als ich dann abgegeben hatte, hingen noch ein paar Studentinnen herum, aber niemand war so recht ansprechbar. Auf dem Heimweg hatte ich gemischte Gefühle, glaubte eher, durchgefallen zu sein.

Praxis für Akupunktur

Zu Hause hatte ich das Glück, in unserem Garten ein 1 ½-Zimmer-Häuschen zu haben mit Badezimmer und allem, was es braucht. So konnte ich mich bereits zu Beginn meiner Ausbildung dort einrichten und üben. Zunächst behandelte ich noch auf dem Bett, Freundinnen, Familie, Nachbarinnen, dann kaufte ich nach und nach alles Nötige, zuerst eine höhenverstellbare Liege, dann eine Wärmelampe, Knierollen und so weiter. Von meiner Mutter bekam ich weiße Leintücher, von denen sie noch viele hatte, um sie über die Liege zu legen. Dann bemerkte ich, dass die Leute, nachdem sie auf dem Bauch lagen, immer rot waren an der Stirn, und ich kaufte ein weiches Guckloch-Kissen und legte es über das harte Guckloch der Liege. So wurde es langsam immer bequemer, auch für mich zum Behandeln. Und natürlich behandelte ich mich von Anfang an auch selbst. Es begeisterte mich, zu spüren, wie dieser oder jener Punkt wirkt und wie sich gewisse Punktekombinationen anfühlen. Und was ich auch merkte: Wenn man sich gleich nach einem warmen Bad behandelt, merkt man vom Einstich rein gar nichts. Natürlich ist es nicht möglich, die Patientinnen zuerst zu baden, doch die Schmerzen beim Einstich halten sich, entgegen immer noch von vielen befürchtet, wirklich in Grenzen, ein kleiner Piks, mehr nicht. Viele von uns, vor allem die etwas ältere Generation, haben immer noch das Trauma der Impfungen während der Schulzeit im Hinterkopf, doch die Akupunkturnadeln sind nur 0,2–0,25 mm dick, das heißt, eine Akupunkturnadel passt locker in den Hohlraum einer Spritze, die Einstiche von Spritze oder Akupunkturnadel sind also keinesfalls miteinander zu vergleichen. Wobei man nicht immer gleich empfindlich ist; Frauen sind vor allem vor der Periode empfindlicher. Was ebenfalls gut hilft, um den Einstich nicht zu spüren, ist, dabei tief ein- oder auszuatmen. Alte Menschen haben eine viel dünnere Haut, auch sie spüren weniger vom Einstich als jüngere Menschen mit noch dickerer Haut. Eine weitere Methode ist, die Nadel zuerst sehr oberflächlich zu setzen, nach einer Weile kann man ohne Schmerzen zu verursachen tiefer stechen. Aber wie schon erwähnt, von Schmerz kann eigentlich keine Rede sein, es ist mehr eine diffuse Angst, die viele Menschen vor Nadeln haben. Was mich manchmal erstaunt: Dieselben Menschen, die Angst vor Nadeln haben, lassen ohne zu zögern eine Operation über sich ergehen. Ich finde, jede Operation birgt ein Risiko, und meiner Meinung nach ließen sich einige Operationen vermeiden, wenn man zuerst mit Akupunktur zu behandeln versuchen würde. Das beste Beispiel ist ein Patient, der zu mir kam, um mit dem Rauchen aufzuhören. Im Laufe der Behandlung teilte er mir mit, dass er Blasenkrebs habe und operiert werden müsse. Also behandelte ich fortan auch die Blase mit. Ich hatte keine Ambitionen, den Krebs behandeln oder gar heilen zu können, doch ich berücksichtige immer alles, was mir von den Patientinnen mitgeteilt wird. Jedenfalls wurde, als der Operationstermin näher rückte, bei der Voruntersuchung kein Krebs mehr gefunden. Ich behaupte hier nicht, dies sei das Ergebnis der Akupunktur, aber ausschließen kann ich es auch nicht. Akupunkturbehandlungen können wirklich manchmal erstaunliche Resultate aufweisen. Ein Patient hatte vor zwei Jahren ein geplatztes Aneurysma (Erweiterung der Aorta) und wäre fast gestorben. Seither hatte er stechende Schulterschmerzen. Sein Arzt meinte, damit müsse er leben. Doch mit Akupunktur brauchte es nur wenige Behandlungen und er war schmerzfrei. Stechende Schmerzen sind in der Chinesischen Medizin ‚Blutstagnation', also wählt man Punkte, die das Blut bewegen. Blutstagnation zeigt sich an der Zunge durch eine purpurrote Farbe. Gute Punkte, die ich meistens wähle, um das Blut zu bewegen, sind Dickdarm 11 (am Ellbogen außen, beim Beugen des Arms am Ende der Falte) und Milz 10 (oberhalb der Kniescheibe, an deren innerem Rand eine Kniescheibenlänge nach oben). Auch bei Allergien sind diese Punkte unerlässlich. Zusätzlich suche ich aber immer die am meisten schmerzenden Punkte und setze dort die Nadeln, dies hilft am schnellsten und so haben die Chinesinnen wohl schon vor einigen Tausend Jahren mit der Akupunktur begonnen, indem sie sich mit spitzen Gegenständen in die Schmerzen gedrückt oder gestochen haben. Ich habe einmal etwas über 10 000 Jahre alte spitze Fundstücke in China gelesen. Seither wurde die Akupunktur immer weiterentwickelt, und bereits in der Zeit vor Christus sind Schriften entstanden, die noch heute relevant sind.

Richtig erschrocken war ich, als ich zum ersten Mal, ebenfalls beim Behandeln von Schulterschmerzen, mit der Nadel auf den Knochen stieß, es war beim Punkt Dünndarm 11 in der Mitte des Schulterblattes, ein Punkt, der sehr oft schmerzhaft ist. Die Nadel kann dem Knochen nichts anhaben, die Patientin merkt noch nicht mal etwas davon, dennoch erschrickt man, wenn es das erste Mal passiert. Aber wenn ich Dünndarm 11 mit dem Finger drücke und frage, ob es dort schmerzt, sind die Leute oft ganz erstaunt, warum ich das weiß. Übrigens hat auch das Ein- oder Ausatmen während des Einstechens eine Wirkung: Sticht man während des Einatmens, ist die Wirkung sedierend (verteilend, ausleitend), beim Ausatmen tonisierend (stärkend). Es gibt noch andere Methoden, um zu sedieren oder zu tonisieren: die Nadel schräg entgegen dem Meridianverlauf oder mit dem Meridianverlauf setzen, die Nadel entgegen oder im Uhrzeigersinn drehen, die Nadeln länger oder kürzer drinlassen und die Nadeln schnell einstechen und langsam entfernen oder umgekehrt zum Tonisieren. Dennoch gibt es zugegebenermaßen Punkte, die mehr schmerzen als andere, dies sind einerseits natürlich die Schmerz- oder Triggerpunkte, wo man mit der Nadel hilfreich den Stau in der Tiefe lösen kann, und andrerseits zum Teil Punkte an den Füßen oder der Punkt Dünndarm 3 an der Hand, am Ende der größeren Hautfalte, die vom Handteller nach außen läuft; beim Bilden einer lockeren Faust ist der Punkt unterhalb des kleinen Fingers. Dieser Punkt kann schon mal ein Gefühl wie ein Bienenstich auslösen. Er hilft ebenfalls gut gegen Schulterschmerzen, vor allem, wenn sie sich im Dünndarmmeridianverlauf befinden, was oft der Fall ist.

Von meinem Lehrer Ralf Luthardt im ersten Jahr der Ausbildung hatte ich wohl am meisten gelernt. Und vor allem hat er mir die Freude an der Chinesischen Medizin und den Forschungsinstinkt mitgegeben. Ohne ihn hätte ich vielleicht, wie viele andere, wegen den schier endlos steigenden Anforderungen während der Ausbildung, aufgegeben. Gleich am Anfang sagte er, er wolle uns innerhalb eines Jahres alles lehren, was wir wissen müssen, und er fand andere Ausbildungen zum Teil viel zu theoretisch. Gewisse Sätze von ihm klingen noch immer in meinem Ohr, so zum Beispiel: „Die erste Nadel hat den stärksten Reiz." So achte ich immer sehr genau darauf, mit welchem Punkt ich die Behandlung beginne. Am Anfang hatte ich mich, bevor jemand zur Behandlung kam, sicher zwei Stunden vorbereitet, alles nochmals nachgelesen, vor allem den Leitfaden von Claudia Focks hatte ich immer bei mir. Ich finde ihn ein sehr praktisches Nachschlagewerk während des Arbeitens. Inzwischen ist er mir durch den vielen Gebrauch auseinandergefallen und neu nun leider nur noch in zwei Bänden erhältlich, was ich weniger praktisch finde. Ich habe Punktekombinationen zusammengestellt und Ralf auch, wenn ich mir unsicher war, angerufen, wie zum Beispiel bei einer an MS erkrankten Freundin (die, während der Zeit, als sie zu mir kam, keine weiteren Schübe hatte). Er sagte auch: „Wirf einen Stein ins Wasser, es gibt schöne Kreise; wirf zwei Steine ins Wasser, die Kreise überschneiden sich; wirf eine Handvoll Steine ins Wasser und es gibt ein Durcheinander von Wellen." Die Meinung ist, mit so wenig Nadeln wie möglich eine gute Wirkung zu erzielen. Einmal meinte er sogar: „Eine gute Akupunkteurin braucht gar keine Nadeln mehr." Ich habe nicht nachgefragt, wie er das genau meinte; das ginge dann wohl schon ins ‚Geistheilen'. Jedenfalls, da bin ich mit ihm einig, ist es wichtig, der Patientin während der Stunde die 100 %-ige Aufmerksamkeit zu schenken. Es ist erwiesen, dass, wenn jemand sich verstanden und aufgehoben fühlt, dies schon einiges für die Heilung bewirkt. Mit den Jahren macht man seine Erfahrungen, was wie zu behandeln ist. Bei neuen Patientinnen hatte ich mich immer noch vor deren Kommen sehr gründlich vorbereitet (das Hauptproblem hatte ich bereits am Telefon nachgefragt, wobei man das Gespräch aber doch so leiten sollte, dass man nicht schon die ganze Lebensgeschichte erfährt) und mir scheinbar passende Punkte notiert. Doch sehr oft, sogar meistens, war es dann so, dass ich, nachdem ich die Patientin gesehen und gesprochen hatte, ganz andere Punktekombinationen anwendete als ursprünglich geplant. Dennoch tendiert man mit den Jahren dazu, immer wieder die Punkte zu verwenden, mit denen man bei gewissen Beschwerden gute Erfahrungen gemacht hatte. Die Möglichkeiten sind aber dermaßen unendlich, dass man nie aufhören sollte, immer mal wieder nachzulesen, und zwar auch in den eigenen Notizen von früher. Und in die Patientin hineinzuspüren; aber auch hier muss man aufpassen und trotz allen Spürens eine gewisse Distanz wahren. Am Anfang war es mir tatsächlich passiert, dass eine Patientin wegen ständiger Übelkeit zu mir kam. Nach der Behandlung ging sie munter von dannen und ich ging mich erbrechen. Es ist mir auch öfter passiert, dass gerade bei den Personen, bei denen ich es besonders gut machen wollte, eine Retourkutsche kam. Eine Frau zum Beispiel hatte gerade erst vor ein paar Tagen ihren Mann verloren. Sie war sehr traurig und es hatte in jenem Moment gepasst, sie in die Arme zu nehmen. Außerdem hatte sie unter anderem Leistenschmerzen, die ich mit Leber 1 behandelte, ein meist sehr wirkungsvoller Punkt bei diesen Beschwerden, am inneren Nagelfalzwinkel der großen Zehe. Ein paar Tage später rief sie an und war ziemlich empört: Ihre beiden großen Zehen seien um den Nagel herum blau geworden. Sie kam danach nicht mehr zur Behandlung. Es ist gut, bei neuen Patientinnen vor der Behandlung zu erwähnen, dass möglicherweise einmal ein Tröpfchen Blut austreten oder ein Hämatom (ein blauer Fleck) entstehen kann. Allerdings hatte ich dies bei Leber 1 noch nie gesehen, aber jedenfalls ist es nicht schmerzhaft. Manche Menschen haben sofort blaue Flecken, schon wenn sie sich nur leicht anstoßen. Hier wäre wieder wie schon erwähnt die Milz zu stärken.

Auch dass bei der Behandlung von Schmerzen in Ausnahmefällen eine Erstverschlechterung auftreten kann, sollte man erwähnen. Besonders bei der Behandlung von Ischiasschmerzen kann es passieren. Der Ischias ist unser größter Nerv, aber es sind wirklich Ausnahmefälle. Ischiasschmerzen sind sehr häufig, noch häufiger bei Kälte. Ich behandle diese einerseits mit Gallenblase 30 und Blase 23, eventuell nehme ich, je nach sonstigen Beschwerden, Blase 40 oder 60 und Blase 57 dazu. Blase 57, in der spürbaren Vertiefung in der Mitte der Wade, ist übrigens auch ein sehr wirksamer Punkt bei Wadenkrämpfen. Und dann behandle ich natürlich lokal, das heißt ich suche mittels Druck die genaue Lokalisation der schmerzenden Stellen und setze dort die Nadel, meist mit Moxa darauf. Alle Patientinnen, die ich so behandelt hatte und bei denen zunächst eine Verschlechterung aufgetreten ist (diese dauert allerhöchstens zwei Tage), waren danach beschwerdefrei. Oft kann man sich bei Ischias-, Rücken- und Schulterschmerzen selber Erleichterung verschaffen mittels Drücken, viele verwenden zum Beispiel einen Tennisball dazu. Oder bitten die Partnerin zu drücken, zum Beispiel am Gesäß, am besten mit dem Ellbogen, während man auf dem Bauch liegt. Zuerst drückt man sanft und sucht die am meisten schmerzende Stelle, dann erhöht man den Druck leicht und bewegt den Ellbogen zugleich etwas. Überhaupt kann man sehr viel selber bewirken, indem man bei sich die schmerzenden Stellen sucht und diese stark drückt. Sogar bei Halsschmerzen ist dies erfolgreich, wenn man wirklich mit dem Finger in die Tiefe geht, bis man den schmerzenden Punkt gefunden hat, und eine Weile richtig drückt. Die meisten Halsschmerzen bringe ich bei mir so sofort weg. In der Praxis kann ich aber den Patientinnen eher nicht so in den Hals drücken und da hilft der Punkt am Daumen Lunge 11 wirklich immer, wenn man ihn kurz mit einer Lanzette blutig sticht. Das heißt, man drückt zuerst das Blut in Richtung Daumennagel, pikst dann kurz in den Punkt und drückt möglichst viel Blut heraus. Natürlich ist es nicht viel, ein Tröpfchen oder ein paar höchstens, welche man sogleich abtupft. Noch nie habe ich erlebt, dass jemand nach dieser Behandlung noch Halsschmerzen oder Angina hatte. Bei einfachen Schluckbeschwerden hilft es weniger. Eine von Ralfs Lieblingsgeschichten ist die: Seine Mutter hatte schon seit Längerem starke Halsschmerzen und nahm viele Medikamente, doch es ging ihr nach wie vor so schlecht, dass sie sich schlussendlich von Ralf behandeln ließ. Er stach ihr nur den Punkt Lunge 11 mit der Lanzette. 10 Minuten später sagte sie: „Ah, endlich wirken meine Medikamente!“

Ralf meinte, wir sollen keine Kochbuch-Akupunktur machen, das heißt, dieser Punkt für diese Beschwerden und jener für jene. Natürlich ist es wichtig, immer den ganzen Menschen und seine Konstitution zu betrachten, aber es gibt noch andere Punkte, die meiner Erfahrung nach immer bei allen sehr gut wirken, zum Beispiel Ren mai 3, vorzugsweise mit Moxa auf der Nadel, bei allen Blasenbeschwerden und vor allem bei Inkontinenz (Blasenschwäche) hervorragend. Bei Kopfschmerzen oder Schlafstörungen verwende ich immer die Extrapunkte Taiyang, die kann man sich auch selber massieren, am äußeren Augenwinkel in der Vertiefung hinter dem Knochen. Viele drücken sich bei Kopfschmerzen automatisch diese Punkte. Bei einer Akupunkturbehandlung kommen natürlich noch andere Punkte hinzu, zum Beispiel Gallenblase 20 in den Vertiefungen im Nacken links und rechts der Halswirbelsäule beim Schädelansatz. Sehr wichtig finde ich es bei Tinnitus, ihn sofort wegzudrücken, denn wenn er einmal chronisch wird, ist er schwierig zu behandeln. Drückt man sich aber, sobald man ein Pfeifen oder Rauschen hört im Ohr, entweder in die Vertiefung hinter dem Ohrläppchen (Punkt des 3-fachen Erwärmers 17) oder in der Mitte vorn in die Vertiefung, die man beim Öffnen und Schließen des Mundes gut spürt (Dünndarm 19), bringt man ihn meist gleich wieder weg. Ralf hatte aber trotzdem auch noch ein paar ‚Kochbuch'akupunkturtipps: bei Hämorrhoiden und Analfissuren sowie auch bei Tremor (zittern) Blase 57, bei häufigem Niesen Blase 12, bei Diabetes abwechselnd alle drei Tage Niere 1 und Leber 2, dazu 3-facher Erwärmer 4, bei Stimmverlust Du mai 15 oberflächlich, bei Minderwertigkeitsgefühlen Du mai 12 mit Moxa, bei schweren, geschwollenen und schmerzenden Beinen Magen 36, Milz 6 und Gallenblase 39, bei Zahnschmerzen Dickdarm 2 und Magen 44. Wobei bei uns im Westen niemand wegen Zahnschmerzen zur Akupunktur gehen würde; aber wenn jemand wegen etwas anderem kommt und dann erzählt, sie hätte Zahnschmerzen, kann man das machen. Und noch eine Aussage von Ralf: „Die Sitzheizung im Auto ist ein Spermienkiller."

Ich hatte eigentlich nicht vor, eine längere Ausbildung zu machen als dieses eine Jahr mit Ralf. Doch, obwohl er uns alles Wichtige lehrte, merkte ich schnell, dass es für eine Anerkennung durch die Krankenkassen nicht reichte, und ich suchte eine Schule, an der ich die restlichen noch fehlenden Stunden absolvieren konnte. An einer Schule in Olten wurde mir versprochen, ich könne in die laufende Klasse einsteigen, mit dieser die Prüfungen machen und bei Bestehen würden sie mir die fehlenden Stunden gutschreiben. Diese Zusage galt allerdings nur so lange, bis ich die Rechnung einbezahlt hatte, daraufhin hätte ich nun doch plötzlich noch dieses und jenes machen müssen. Der Unterricht war außerdem sehr langweilig, ein Lehrer dozierte leicht schläfrig und ein Chinese, der diesen Unterricht als Nachweis für Weiterbildung besuchte, schlief die ganze Zeit. So zerstritt ich mich schnell mit der Schulleitung, schaute mich weiter um und wurde fündig bei der Biomedica in Zürich. Dort konnte ich ebenfalls in eine laufende Klasse, in ein neues Jahr, einsteigen und alle bisher absolvierten Stunden wurden mir angerechnet. Für jedes Fach gab es sehr kompetente Lehrer und einen interessanten Unterricht. Ich hatte nur einen Nachteil: Die Klasse war bereits seit zwei Jahren zusammen, beim Üben zu zweit hatte ich keine Chance, irgendwo reinzukommen. Einmal getraute ich mich, eine mir sympathische Frau zu fragen, ob wir zusammen üben könnten, worauf sie bedauernd meinte, sie übe schon immer mit jener selben Partnerin. So blieb für mich nur eine ebenfalls neu hinzugekommene Frau, die mir aber leider absolut unsympathisch war. Manchmal, wenn jemand fehlte, übte eine Gruppe zu dritt. Dort fiel mir zum ersten Mal auf, wie wichtig nicht nur das Fachwissen, sondern auch die Geisteshaltung ist, mit der man eine Nadel setzt. Da war ich einmal mit zwei richtig Lustlosen zusammen, die mich gestochen haben. Am Abend hatte ich beinahe eine Depression. Vor den Prüfungen des Berufsverbandes gab es freiwillig Prüfungsvorbereitungskurse. Zu so einem Kurs kamen einmal zwei Frauen, die ich an der Schule in Olten kennengelernt hatte. Sie waren bereits einmal durch die Prüfung gefallen und hatten sich nun zu diesem Kurs an der

Biomedica entschlossen. Eine der beiden meinte am Abend, nachdem sie gesehen hatten, wie es hier zuging: „Ich sehe schon, wir waren wohl an der falschen Schule.“ Ich persönlich habe somit während meiner Ausbildung drei Schulen kennengelernt. Es gibt noch viele andere, die ich nicht kenne, aber die Biomedica kann ich jedenfalls empfehlen.

Die Schulabschlussprüfungen hatte ich wie erwähnt bereits vor meiner Abreise nach China alle bestanden. Ich erinnere mich da vor allem an die praktische Prüfung: Alle mussten wir eine Patientin mitbringen und sie unter Aufsicht der Schulleitung behandeln. Da ich bereits seit drei Jahren, seit Anfang der Ausbildung, sehr interessiert war zu behandeln und dies schon oft getan hatte, bereitete mir diese Prüfung keine Sorgen. Eigentlich hatte ich die Ausbildung sowieso begonnen, um mir selbst helfen zu können. Nun freute es mich natürlich, wenn es auch anderen durch meine Behandlung besser ging. Oft verwendete ich dieselben Dinge, die Ralf Luthart damals im ersten Jahr empfohlen hatte und die er auch selber verwendet. Zum Beispiel das Aconitum Walaöl, bei welchem ich bis heute geblieben bin, oder die Moxahütchen aus verkohltem Beifußkraut. Am Anfang verwendete ich auch frisches Beifußkraut, aber das stinkt dermaßen, dass man danach gleich die Haare und auch alle Kleider waschen muss, das gilt natürlich auch für die Patientin. Einige fanden zwar, sie mögen den Geruch. Es riecht ein wenig wie Haschisch. Zu Ralf meinte einmal jemand im Treppenhaus seiner Praxis, er solle wenigstens lüften, wenn er schon kiffe. So verwende ich es heute nur noch ganz selten. Die Hütchen sind zwar teuer, aber äußerst praktisch: Man kann sie auf die Nadel setzen, anzünden und die Wärme geht durch die Nadel direkt in den Körper hinein. Dies hilft sehr gut bei Schmerzen und sogar bei einer Entzündung, denn dadurch, dass man Wärme in den Körper bringt, muss der Körper selber weniger Hitze produzieren, um die Ursache des Schmerzes auszutreiben. Meist wird die Wärme als angenehm empfunden; wenn nicht, ist es angebracht, das Hütchen wieder von der Nadel zu entfernen. Dazu habe ich einen Löffel mit einem Schlitz. Aufpassen muss man mit den Hütchen, wenn jemand Husten hat. Da können sie leicht von der Nadel springen und Körper, Kleider oder Liege (je nachdem, wo sie hinfliegen) brennen. Sonst verglüht so ein Hütchen sauber und bleibt kompakt, auch wenn es am Schluss nur noch Asche ist. Auch sehr froh bin ich, dass ich mich langsam in den administrativen Bereich, den jedes eigene Geschäft, und das ist es schlussendlich, mit sich bringt, einarbeiten konnte.

Zur praktischen Abschlussprüfung hatte ich meine Mutter mitgebracht. Ich hatte mich sehr gut vorbereitet, mir sämtliche Punkte notiert, die ich verwenden wollte, und deren Wirkung und Zusammenspiel. Meine einzigen Bedenken waren: Ralf hatte die Punkte vor dem Einstechen nie desinfiziert, seit er vor 20 Jahren angefangen hatte, hielt dies für total unnötig, eine pro forma-Sache und hatte nie negative Folgen seiner Behandlungen zu beklagen. Auch dies habe ich von ihm übernommen, er meinte, eine Desinfektion müsse sowieso mindestens eine Minute einwirken, um zu nützen. In Kunming wurden die Punkte desinfiziert, mit einem in Alkohol getunktem Stoff oder Wattestäbchen, und die Nadeln sofort gesetzt. Auch in der weiteren Ausbildung ab dem zweiten Jahr wurde dies verlangt. Ich befürchtete nun, da es mir ungewohnt war, es bei der Behandlung zu vergessen und instruierte meine Mutter, mich im Geheimen darauf hinzuweisen, bevor ich ihr die Nadeln setzte. So war ich froh, als sie mir, als ich mit der Behandlung beginnen wollte, zuflüsterte: „Desinfizieren“., Ich hätte es doch sonst prompt vergessen. So ging alles gut und auch die gute Vorbereitung wurde sehr positiv gewertet.

Schlechter ging es einer Mitstudentin; sie hatte sich ebenfalls gut vorbereitet und genauso gut behandelt. Doch die von ihr mitgebrachte Patientin hatte sich erkältet, ziemlich akut. In so einem Fall müsste man erst mal die Erkältung behandeln und vom Vorbereiteten abweichen. In der Praxis wäre das wohl selbstverständlich, bei der Prüfung wurde praxisnahes Handeln verlangt, die Mitstudentin fiel leider durch.

2

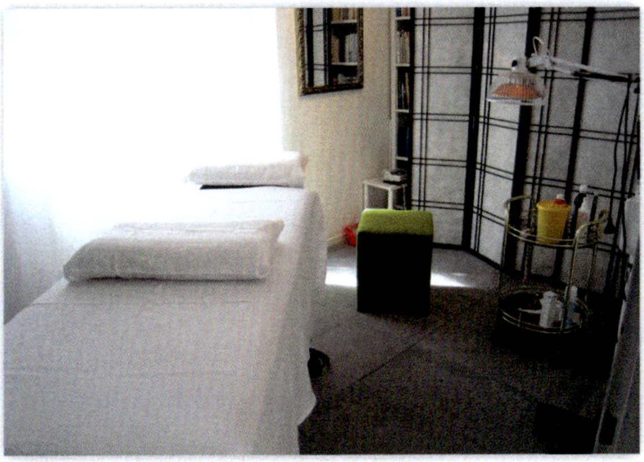

E-Mails

Da es manchmal am Telefon Missverständnisse gab, begann ich, Guo E-Mails zu scheiben. Sie schrieb mir zwar, sie lerne Englisch, um sprechen zu können und nicht um zu schreiben, aber mit viel Fantasie konnte ich doch meist erahnen, was sie meinte. Und mein eigenes Englisch war bei Weitem auch nicht perfekt. Mit den Englischbüchern und Kassetten hatte ich ihr auch Fotos geschickt vom Häuschen, in dem sie hier wohnen würde und von uns beiden in Kunming. Ich erinnerte mich gut, wie wir für das Foto posierten und sie mich anstrahlte und war erstaunt, wie schnell sie umgeschaltet hatte und ernst in die Kamera blickte. Eines Tages kam ein Paket von ihr mit drei großen Plakaten, die sämtliche Meridiane und Punkte darstellten. Das freute mich außerordentlich und ich hängte sie gleich in meiner Praxis auf. Seither habe ich oft bemerkt, wie Patientinnen, während sie behandelt daliegen, die Plakate studieren. Einige fragten mich interessiert über die Darstellungen aus. Jemand fragte mich, warum die einen Meridiane rot und andere blau eingezeichnet sind. Rot sind die Yang- und blau die Yin-Meridiane. Jeder Yang-Meridian ist einem Hohlorgan zugeordnet, dies sind Magen, Dickdarm, Dünndarm, Gallenblase, Blase, und die Yin-Meridiane sind den Speicherorganen zugeordnet, also Milz, Leber, Herz, Lunge und Niere. Über diese Meridiane können die entsprechenden Organe behandelt werden, aber nicht nur, und man muss aufpassen, die Patientin nicht zu erschrecken und glauben zu machen, ein Organ sei erkrankt, wenn man Punkte auf dem entsprechenden Meridian wählt. Aber die meisten schließen die Augen und entspannen sich, einige, vor allem Männer, schlafen ein. Und einer hat fröhlich mit der Musik mitgepfiffen.

Dem Paket lag auch ein Brief von Guo bei, in dem sie sich für mein Paket und die Fotos bedankte, welche sie an mich und unsere gemeinsame Zeit erinnerten und sie sehr freuten. Sie schrieb auch, wie sehr es sie freute, dass wir immer mehr zusammen sprechen können und wie sehr ihr das Gästehaus, in dem sie wohnen würde, und der Garten gefielen. Und sie schrieb auch, dass der Manager ihres Spitals damit einverstanden sei, dass sie für ein Jahre in die Schweiz gehe und dass sie danach wieder ihre Stelle im Spital antreten könne. Er verlangte aber den Arbeitsvertrag zwischen Guo und mir, der natürlich ihren Lohn, ihre Versicherungen, Regelungen zur Bezahlung des Flugs, Ferien und Miete beinhalten musste. Der Vertrag würde dann geprüft und wenn er als gesetzeskonform beurteilt wurde, ans Schweizer Konsulat nach Peking geschickt. Ich verstand damals nicht, was dies alles den Manager ihres Spitals anging und war ärgerlich, weil ich glaubte, sie traue mir nicht und weil es nicht vorwärtsging mit den Unterlagen. Der Manager wusste ja schon lange, dass sie in die Schweiz gehen möchte und hatte sich damit einverstanden erklärt. Der Rest, glaubte ich, sei Privatsache zwischen Guo und mir. Ich dachte mir einfach, den Gewinn nach Abzug sämtlicher Kosten, inklusive des Fluges, mit ihr zu teilen. Ich war sehr naiv zu jener Zeit. Es kam dann eine in sehr gutem Englisch geschriebene E-Mail (Guos Schwägerin war Englischlehrerin und ich nehme an, sie hat ihr geholfen) mit folgendem Inhalt: „Nochmals ganz herzlichen Dank für alles, was Du getan hast für mich. Zuerst möchte ich Dir sagen, dass ich Dir sehr vertraue, weil ich Dich, wie Du weißt, sehr mag und ich glaube, wir können sehr gute Freundinnen werden. Ich sage dir die Wahrheit, ich habe den Traum, eines Tages die Schweiz zu besuchen oder dort zu arbeiten, das ist sehr wichtig für mich. Ich interessiere mich nicht so sehr dafür, viel Geld zu verdienen, aber ich interessiere mich für unsere Freundschaft und darum, eine gute Zeit zusammen zu verbringen. Dass der Manager unseren Vertag haben will, ist nicht meine Idee, das ist China. Nachdem Du Kunming verlassen hast, ist meine Schwägerin mir zu Hilfe geeilt, um die Formulare des Schweizer Konsulates herunterzuladen, aber wir wissen nicht, welches von all den Formularen wir ausfüllen müssen und was für ein Visum wir zu beantragen haben. Aber sorge Dich nicht um mich, ich denke, ich kann versuchen, diese Schwierigkeiten zu überwinden, denn es ist mir wichtig, mit Dir in der Schweiz arbeiten zu können." Daraufhin entschloss ich mich, nochmals nach China zu reisen, um ihr bei den Unterlagen zu helfen, um sie besser kennenzulernen und einfach um in ihrer Nähe zu sein, denn sie fehlte mir. Ich sagte ihr dies am Telefon. Ihr blieb etwas die Sprache weg, dass ich wiederkommen wollte, und ich war mir nicht sicher, ob sie sich freute.

Mein 2. Chinabesuch

Dieses Mal geht der Flug über Peking. Das Flugzeug von Peking nach Kunming ist fast leer, jede Passagierin kann sich über fünf oder mehr Sitze ausbreiten. Einige bringen Mahlzeiten mit und verpflegen sich, ein starker Essensgeruch breitet sich im Flugzeug aus. Es lässt sich Zeit mit dem Abfliegen, zwei Stunden sitzen wir nun schon da, als es endlich startet. Der Flug selber dauert ca. drei Stunden. In Kunming lande ich an einem anderen Flughafen als das erste Mal, in der Zwischenzeit wurde ein neuer gebaut, topmodern und auch mit modernen Toiletten. Beim Verlassen der Ankunftshalle sehe ich keine Guo, ein Mann, ihr Mann, spricht mich an. Sie hat ihn geschickt, mich abzuholen. Ich bin ein bisschen enttäuscht. Sie muss arbeiten. Er bringt mich zum Spital. Ich betrete ihren Raum. So sehen wir uns wieder. Wir begrüßen uns kurz, sie arbeitet weiter und ich helfe ihr. Auch Jennifer und Doktor Wang kommen mich begrüßen. In einer Pause unterhalten sich Jennifer und Guo im Aufenthaltsraum, Jennifer beginnt, laut und streng auf Guo einzureden und Guo wird am Tisch immer kleiner, bis sie den Kopf in den Händen verbirgt, dann mit einer wegwerfenden Armbewegung aufsteht und sagt: „Ich wusste das nicht." Jennifer übersetzt mir: Guo hat für uns eine Gruppenreise mit einem Car gebucht. Jennifer ist überzeugt, das gehe gar nicht, mit einer Europäerin könne man keinesfalls gemeinsam mit einer chinesischen Gruppe reisen. Ich teile Jennifers Meinung. Für Gruppenreisen war ich noch nie der Typ, dann noch mit lauter Chinesinnen, ich würde nichts verstehen, ich hätte keine Chance, Guo besser kennenzulernen und für spontanes Handeln bliebe erst recht kein Platz. So gehen Guo und ich über Mittag an einen Schalter und kaufen ein Flugticket nach Shangrila. Der inländische Flug ist sehr günstig, Ich bezahle für uns, da Guo das Geld für die Gruppenreise nicht zurückerhält. Zum Übernachten lädt sie mich zu sich nach Hause ein. Ihr Sohn hat sein Zimmer für mich freigemacht, ein richtiges Teenagerzimmer mit Postern an den Wänden. Ich frage mich, wo er jetzt wohl schläft.

Der nächste Tag ist ein Samstag, sie arbeitet noch am Vormittag, ich begleite sie. Nachdem alle Patientinnen behandelt und wieder gegangen sind, bezieht sie die Liegen frisch, während ich alle Stecker rausziehe und mit einem Mob beginne, die Böden zu wischen. Da dies nur einmal pro Woche geschieht, nehme ich es genau und fahre in jede Ecke, doch nachdem sie ihre Arbeit beendet hat, nimmt sie mir den Mob aus der Hand, wischt schnell damit über den Boden und wir gehen.

Dann geht es los. Ihr Mann bringt uns zum Flughafen. Es ist ein kurzer Flug, nur eine Dreiviertelstunde. Während des Flugs fragt sie mich, ob das für mich o.k. ist, im Hotel zusammen ein Zimmer zu nehmen. Für mich ist das selbstverständlich und sie ist froh darüber, kichert und meint, da sei ich wie sie und ihre Freundinnen.

Shangrila

Shangrila liegt an der tibetischen Grenze und hat ca. 130.000 Einwohner, meist Tibeterinnen und Naxi. Es liegt auf 3200 Meter Höhe. Der Name Shangrila stammt aus dem Roman von James Hilton von 1933: Der verlorene Horizont. Es ist ein fiktiver Ort in Tibet. Der Name ist ein Synonym für das Paradies; wo Menschen in Frieden und Harmonie leben. Seit dem Jahr 2001 haben die Chinesen den ehemaligen Ort Zhongdian in Shangrila umgetauft.

Nachdem wir ein Hotelzimmer bezogen haben, bricht Guo auf zum dortigen Spital, mit mir im Schlepptau. Sie kennt die Ärztinnen dort, sie haben zusammen studiert und eine hat sie gebeten, ihr zu helfen. Sie ist sofort in ihrem Element und behandelt eine Patientin nach der anderen. Vor allem Schulter- und Rückenschmerzen, die sie mit den Extrapunkten an der Hand behandelt. Dies sind fantastische Punkte, die ich nun auch sehr oft brauche, auch zum Beispiel bei einem Bandscheibenvorfall. Man setzt bei Schulterschmerzen eine Nadel, der schmerzfreien Seite der Hand, bei Rückenschmerzen zwei Nadeln, und während sich die Patientin so gut es geht bewegt, das heißt entweder den Arm hebt und dreht oder das Becken dreht und sich nach vorn und hinten beugt, dreht man ein paar Minuten lang heftig an den Nadeln. Mit der Zeit schmerzen nur noch die Nadeln an der Hand, an Rücken oder Schulter spürt man sofort eine markante Verbesserung. Einmal habe ich einen Mann mit solch starken Schulterschmerzen behandelt, dass er den Arm nicht mehr heben konnte. Als er nach einer Woche wieder zur Behandlung kam, hat er begeistert den Arm durch die Luft geschwungen. Er erzählte mir, dass er, als er das letzte Mal diese starken Schmerzen hatte, vom Arzt in die Physiotherapie geschickt wurde, und zwar eine Woche lang jeden Tag. Danach waren die Schmerzen besser, aber eine Woche konnte er nicht arbeiten. Nun war er hocherfreut, nach nur einer Behandlung dasselbe Resultat zu haben. Da denke ich mir, es könnte wohl recht viel Geld eingespart werden, wäre die Akupunktur von der Grundversicherung anerkannt so wie die Physiotherapie es ist, und würden die Ärzte die Patienten auch mal eher zur Akupunktur schicken anstatt 9-, 18- oder gar 27-mal in die Physiotherapie. Den von Guo behandelten Patientinnen geht es nach der Behandlung jedenfalls auch gleich viel besser.

Hier im Behandlungsraum fällt mir ein großer mit Wasser gefüllter Kübel auf. Er dient außer als Spucknapf zur Entsorgung der Zigaretten. Einige Ärzte rauchen während der Arbeit.

Am Abend treffen wir die Ärztinnen, flanieren mit ihnen durch die Stadt, wobei ich mir, da ich mich nicht unterhalten kann, ziemlich überflüssig vorkomme und auch ziemlich enttäuscht bin, da ich den Eindruck habe, dass Guo es vermeidet, mit mir alleine zu sein. Es sind ehemalige Mitstudentinnen, und natürlich haben sie sich viel zu erzählen. Mit einer tibetischen Freundin geht Guo Hand in Hand, ich merke, ich bin eifersüchtig. Schließlich wählen sie ein Restaurant, in dem es ein Buffet gibt. Hier endlich wendet sich Guo mir wieder einmal zu, zeigt mit ausladender Handbewegung auf das Buffet und sagt: „Hier kannst du auswählen." Ich schaue nur kurz in die Schüsseln, für mich undefinierbares Zeugs, auch Maden und andere Füßchentiere, und antworte: „Nein danke, ich gehe aufs Zimmer", was ich auch tue. Ich esse mitgebrachte Blévita und bin frustriert, finde mich aber gleichzeitig auch egoistisch, sie hat hier ihr eigenes Leben. Sie kommt spät. Der nächste Tag spielt sich genauso wie der vorherige ab, außer dass wir in ein anderes Restaurant gehen, eines, in dem es sogar einen Pizzaofen gibt. Und es riecht wie in einer richtigen Pizzeria. Selbstverständlich bestelle ich eine Pizza. Auch die anderen bestellen und wie es in China Sitte ist, kommt alles Essen in die Mitte und alles ist für alle da. Eine Pizza für sich allein essen, das geht auf keinen Fall. Ich finde diese Pizza perfekt, wie in Italien, oder auch wie in einer Pizzeria in der Schweiz, aber den anderen schmeckt sie nicht, Guo ist sogar empört, für so etwas auch noch bezahlen zu müssen. Die Tibeterin ist auch dabei. Sie nimmt Messer und Gabel an deren untersten Ende zur Hand, wippt mit ihnen und weiß nicht recht, was sie damit anfangen soll. Sie hat etwas gehört über Menschen aus dem Westen und stellt mit ziemlicher Verwunderung und ganz leicht angewidert fest: „Ihr esst Salat!?“

Mit ihr machen wir am nächsten Tag einen wunderschönen Spaziergang auf einem Fußweg am Rande eines Sees, liebliche Hügel umgeben ihn, und die Tibeterin erzählt, dass hier im Winter Ski gefahren wird. Auch sie selber fährt Ski, Stemmbogen, wie sie es schildert. Wir gehen ganz um den See herum und die Tibeterin fängt an, Mantras zu singen. Wir sind die Einzigen hier, der See, die grünen Wiesen, die Hügel, die schönen Melodien gesungen mit einer fantastischen Stimme, es ist einmalig, und natürlich ist genau jetzt der Akku meiner Kamera leer. Doch diese Momente prägen sich ein, und dann kommen wir zu einer großen Wiese, die zu meinem Erstaunen voller Edelweiß ist, Tausende von Edelweiß. In der Schweiz sind sie geschützt und trotzdem bekommt man sehr selten eines zu Gesicht, hier gibt es sie zu Tausenden und niemand beachtet sie.

Am nächsten Tag treffen wir die Ärztinnen in einer Gartenwirtschaft zum z'vieri. Sie bestellen, und es kommen ein paar runde, mit Käse und Ananas belegte und gebackene Teigstücke. „**Das** ist Pizza“, sagt Guo, und alle greifen nach den Stücken der in Viertel geschnittenen Pizzas. Für mich schmeckt es nicht schlecht, aber Pizza erkenne ich darin nicht. Im Nachhinein erkenne ich aber, dass Guo vieles für mich getan hat.

Lijiang

Am nächsten Morgen nehmen wir ein Car nach Lijiang. Eine Reise durch sehr schöne Gegenden; an einem berühmten Fluss halten wir an und steigen zum Wasserfall hinunter durch die Tigerschlucht. Nachdem alle sich gefreut, fleißig fotografiert und vergeblich nach dem Tiger Ausschau gehalten haben, steigen wir den Hang wieder hinauf und kaufen uns am Stand bei der Carhaltestelle etwas zu essen. Dann geht die Fahrt weiter und nach ca. fünf Stunden kommen wir in Lijiang an. In dieser Stadt leben ca. 1,3 Millionen Menschen, 20 verschiedene ethnische Gruppen, friedlich zusammen. Ab und zu sieht man Frauen in ihrer speziellen Tracht. Ein großer Teil der Altstadt wurde 1996 durch ein Erdbeben zerstört und dann originalgetreu, im traditionellen Stil, wiederaufgebaut. Sie gilt als UNESCO-Weltkulturerbe und zieht viele Touristinnen, mehrheitlich chinesische, an. Die Häuser haben ein Steinfundament und Mauern aus weiß getünchten Lehmziegeln, die typischen geschwungenen Ziegeldächer, und Türen, Balkone und Fensterläden sind aus rotem Holz, verziert mit kunstvollen Schnitzereien. Zum Teil kann man beim Schnitzen zuschauen und man kann auch kaufen, nur sind die Teile meist groß und schwer. Nun wälzen sich die Touristenströme durch die Gassen, und es lohnt sich, dort zu verweilen, alles ist absolut sehenswert. Die Naxi-Chinesinnen, die hier etwa 20 % der Bevölkerung ausmachen, stammen ursprünglich von tibetischen Nomaden ab und haben sich hier seit dem 10. Jahrhundert niedergelassen. Sie haben ihre Häuser alle um einen Innenhof gebaut. In so einem Haus hat Guo für uns ein Doppelzimmer reserviert, ein bisschen außerhalb der Touristenströme. Wie die meisten Hotelzimmer in China mit zwei großen Doppelbetten, Wasserkocher, Finken stehen auch immer zur Verfügung, in Plastik verpackt, und sogar eine Zahnbürste. Nachdem wir das Zimmer bezogen haben, schaltet Guo den Fernseher ein, zappt sich durch und bleibt bei einem Film über Leonardo Da Vinci hängen. Als sie sieht, dass ich bereit bin, will sie ausschalten, doch ich finde, sie kann ruhig noch fertig schauen, schließlich sind Ferien. Sie beginnt sich zu entspannen. Dann mischen wir uns wieder unter die Leute, flanieren durch die Gassen, essen etwas auf der Terrasse eines Restaurants und genießen die Atmosphäre an diesem Ort. Es gibt noch viel traditionelles Handwerk, und es gibt ein ausgeklügeltes Bewässerungssystem mit einem Netz an kleinen Kanälen. Wir wählen einen Weg, der uns etwas in die Höhe führt. Ich will Guos Hand nehmen, doch sie zieht sie weg; sie spricht auch kaum mit mir. Ich bin traurig und frustriert. Da bin ich extra nach China gekommen, weil ich dachte, wir mögen uns, und nun habe ich das Gefühl, sie will nichts mit mir zu tun haben. Sie sieht meine Trauer und ist sehr ärgerlich. Sie habe ihre Ferien hergegeben, um mit mir zu reisen und wir seien an so einem schönen Ort und ich sei traurig. Und wieder komme ich mir sehr egoistisch vor. Tatsächlich kann man von hier oben über die eng zusammenliegenden Dächer von Lijiang sehen, ein wirklich schöner Anblick. Wir setzen uns auf eine Treppe. Eine Frau kommt und will Guo Schmuck verkaufen, sie hält ihr ein Stück nach dem anderen unter die Nase. Guo winkt dankend ab, doch die Frau insistiert, alles Danken und Abwinken nützt nichts, bis Guo ihr schließlich resolut den Rücken zukehrt.

Dali und Heimreise im Zug

Auch Dali ist ein Touristenort, für chinesische Verhältnisse eine Kleinstadt. Ich habe einmal in der Schweiz eine Chinesin getroffen, die mir sagte, sie käme aus einer kleinen Stadt in der Nähe von Hongkong, mit ‚nur' 10 Millionen Einwohnern. So ist es nicht grad in Dali mit seinen immerhin 650 000 Einwohnern. Die Stadtmauern und die Stadttore sind noch erhalten, und was für Mauern. So etwa stelle ich mir die Chinesische Mauer, die ich leider noch nie gesehen habe, vor, nur länger natürlich. Drei Pagoden sind das Wahrzeichen von Dali. Wir besteigen die Mauer, sie ist massiv und sehr breit, wir schlendern auf ihr entlang bis zu ihrem anderen Ende und dann durch die Gassen. Ein Mann spricht Guo an, anscheinend will er ihr etwas verkaufen. Sie fragt mich, ob ich Boot fahren will. Ganz in der Nähe gibt es einen See. Sie verhandelt mit dem Mann und wird dabei immer wütender. Ich finde sie auch wütend ganz entzückend und möchte die Auseinandersetzung filmen, doch Guo winkt sofort ab und fährt mich, als sich der Mann verzogen hat, an: „Du bist keine Freundin, wenn du mich so filmen willst." Ich kenne zu dem Zeitpunkt die chinesischen Traditionen und die Sache mit dem Gesichtsverlust nicht und versuche ihr zu erklären, dass ich jede Facette an ihr mag und kennenlernen möchte, was sie dann schlussendlich ein wenig beruhigt. In Dali herrscht eine sehr friedliche Stimmung, es kommt mir fast ein bisschen vor wie eine Hippiestadt. Ich sehe sogar Frauen, die an Ständen Hüte und dahinter heimlich Marihuana verkaufen. In dem Restaurant, das wir uns zum Abendessen aussuchen, gibt es wirklich alles, und ich habe so große Lust auf vieles, das ich lange nicht mehr gegessen habe, dass ich ein richtiges Durcheinander bestelle: unter anderem eine Minestrone, ein Birchermüsli und ein Frappé. Das Birchermüsli kommt in Einzelteilen, ich mische alles zusammen, Guo staunt: „Ah, so machst du das." Sie hat ja noch nie ein Birchermüsli gesehen. Doch nach all dem wird mir am Abend im Bett so richtig schlecht, ich erbreche die ganze Nacht und bis in den Morgen hinein. Guo schläft und ich versuche, sie nicht zu stören. Am nächsten Morgen ist sie fit und ich bin erledigt. Sie möchte mit dem Zug weiterreisen, Car fahren mag sie gar nicht so sehr, also müssen wir zum Bahnhof. Schon mit dem Gepäck in der Hand, muss ich nochmals zurück zur Toilette. Guo fragt, ob ich lieber noch hierbleiben möchte, doch ich sehe, wie es sie nun wieder nach Hause zieht; die Ferien sind um, also gehe ich mit ihr zum Bahnhof. Mein Magen hat sich beruhigt, doch eine schlimme und schlaflose Nacht liegt mir in den Knochen. Nach kurzem Warten kommt schon der Zug, es ist einer mit Abteilen, in denen man zu sechst sitzen kann, und mit Betten oben drüber. Er ist gut besetzt. Guo kommt bald ins Gespräch mit den anderen in unserem Abteil und dann beginnen sie ein Kartenspiel. Irgendwann denke ich, ich müsste mal Wasser trinken, da reicht mir Guo schon ihre Wasserflasche. Das ist etwas, das sich zwischen uns ausgeprägt hat: da wir uns der Sprache wegen schlecht unterhalten können, spüren wir uns immer besser. Es genügt, wenn eine von uns etwas denkt und schon nimmt es die andere auf. Die Betten oben sind alle leer, und ich steige hinauf und bin ausgesprochen froh, mich hinlegen zu können. Doch lange dauert es nicht, da kommt der Schaffner und klopft mir an die Füße. Guo erklärt mir seinen Wortschwall: ich muss herunterkommen, es ist nicht erlaubt, sich dort hinzulegen. Man könnte herunterfallen je nach Bewegung des Zuges. Das verstehe ich zwar nicht und ärgere mich, meine Füße nicht eingezogen zu haben, dann hätte er mich gar nicht gesehen, doch ich muss seinen Anweisungen Folge leisten. Er erklärt aber, dass es ganz hinten im Zug freie Abteile gäbe, in denen man sich über drei Sitze hinlegen kann. Also gehe ich durch viele Waggons hindurch bis zu einem freien Abteil und ah, endlich liegen. Trotz des Gerüttels schlafe ich schließlich ein und erwache mit großem Schreck, als der Zug plötzlich anhält. Ich schaue aus dem Fenster, sehe aber keine Ortstafel und habe keine Ahnung, wo wir sind, wie spät es ist und wie lange ich hier gelegen habe. Ich sehe nur in einem Spiegel, dass ich total zerknittert aussehe, eile durch den Gang zurück und befürchte, dass wir aussteigen müssen oder noch schlimmer, dass Guo schon ausgestiegen ist. Es kommt mir endlos vor, ich durchlaufe unzählige Waggons und sehe immer noch keine Guo. Ich erinnere mich nicht, dermaßen weit gegangen zu sein. Da endlich sitzt sie, spielt immer noch Karten. Ich bin erleichtert. Als sie mich sieht, lächelt sie und sagt: „Jetzt hast du aber geschlafen." Wir fahren weiter, ich begebe mich wieder zu den hinteren Waggons, aber diesmal bin ich gescheiter und zähle, durch wie viele ich hindurchgehe. Und doch passiert mir nochmals dasselbe: Ich schlafe ein, der Zug hält und ich habe wieder denselben Schreck, schieße auf und renne durch die Waggons, und wieder scheint es mir viel weiter als gedacht. Doch da sitzt sie immer noch und spielt Karten. Ich frage sie, wie lange es noch dauert, sie zeigt mir eine vier. Gut, bis vier Uhr ist nicht mehr lange, doch dann ist es schon nach vier Uhr und wir fahren immer noch. Es ist aber auch ein richtiger Schneckenzug. Ich denke mir, vielleicht hat sie gemeint, noch vier Stunden. Jedenfalls bleibe ich jetzt in ihrer Nähe. Die Fahrt scheint mir endlos, bis wir gegen Abend endlich ankommen. Es herrscht reger Betrieb am Bahnhof. Sie telefoniert recht aufgeregt und laut mit ihrem Mann, dass er uns abholt.

Wieder in Kunming

Der große Platz vor dem Bahnhof ist voll mit Autos, die alle versuchen, sich irgendwie vorwärtszubewegen. Spuren lassen sich nicht ausmachen, jede drängelt, wo sie kann. Auf der anderen Seite des Platzes sehe ich einen Stand, an dem Getränke und Früchte verkauft werden. Ich brauche nun dringend etwas und renne schnell hin, denn Guo ist aufgeregt und hat gemeint, ich solle mich beeilen, da ihr Mann hier nicht anhalten könne. Bald nachdem ich mit Saft und Bananen zurückkomme, sieht sie ihn irgendwo im Gewühl, wir rennen hin und steigen ein. Ich staune: Eine liebevolle Begrüßung nach einer Woche Abwesenheit sieht anders aus; schon beim Einsteigen und danach noch längere Zeit schimpft sie mit ihm. Oder über sonst etwas, ich weiß es nicht. Seine Antworten fallen relativ gelassen aus.

Bereits im letzten Abschnitt der Zugfahrt hatte ich Guo mitgeteilt, dass ich in Kunming in ein Hotel gehen werde; ich denke, ihr Sohn braucht sein Zimmer. Wie alle chinesischen Kinder und Jugendliche muss er viel lernen. Sie schien erleichtert über meinen Entschluss. Nun empfiehlt sie mir ein Hotel ganz in der Nähe ihrer Wohnung, etwa in derselben Preiskategorie wie jenes, in dem ich bei meinem ersten Aufenthalt war, doch ohne Ausland-Telefonleitung. Erst jetzt merke ich, dass man in China noch lange nicht von überall her ins Ausland telefonieren kann. Deshalb möchte ich gern wieder in dasselbe Hotel gehen wie letztes Mal und sie und ihr Mann bringen mich dorthin. Sie kommen auch mit mir zum Empfang, um für mich zu sprechen. Nach kurzer Unterhaltung mit der Empfangsdame beginnt Guo wieder zu schimpfen. Das Hotel hat umgebaut, aufgerüstet und massiv die Preise erhöht. Ihr Mann legt den Arm um Guo und bringt sie zur Tür. Ich möchte nun doch in das Hotel, das Guo mir zuerst empfohlen hat und entschuldige mich bei ihrem Mann für das Hin und Her, doch er winkt ab.

Das Zimmer ist schön und sauber und ebenso geräumig und gut ausgerüstet wie das letzte. Mir ist immer noch etwas schlecht und ich muss mich so langsam aufpäppeln und etwas Nahrung zu mir nehmen. Und ich möchte nach Hause telefonieren und finde eine Hotelrezeption, in der das möglich ist. Mir ist aufgefallen, dass sehr viel weniger gespuckt wird, und ich erzähle Laura davon. Sie klärt mich auf: „Die Regierung hat es wegen der anstehenden Olympiade verboten." In der Nähe des Hotels habe ich einen Mann gesehen, der auf der Straße Kartoffeln kocht. Eine Kartoffel empfinde ich in dem Moment als Himmel auf Erden, so gehe ich zu ihm hin und möchte ihm eine abkaufen. Er schenkt sie mir und akzeptiert keine Bezahlung; ich kann ihn nicht überzeugen, Geld anzunehmen. Das ist unglaublich nett. In meinem Gepäck finde ich sogar noch eine kleine Butter, die ich im Flugzeug eingepackt hatte. Noch nie hat mir eine Kartoffel mit Butter so gut geschmeckt, und ich nehme mir vor, in Zukunft jedes Mal, wenn ich verreise, auch ein paar Bouillonwürfel mitzunehmen.

Am nächsten Morgen ruft Guo mich an und möchte mich zu ihren Eltern zum Essen einladen. Sie wohnen etwas außerhalb von Kunming. Doch leider muss ich absagen, ich fühle mich zum Ausgehen noch nicht gut genug, obwohl ich gern ihre Eltern kennengelernt hätte. Sie ist etwas enttäuscht oder verärgert, doch einen Tag später holt sie mich zum Essen bei ihr zu Hause ab. Es geht mir besser und ich freue mich, sie zu sehen. Während des Essens, sie kocht wirklich gut, starrt sie die ganze Zeit ihren Mann an. Es herrscht eine angespannte Stimmung, und niemand spricht. Dann schlägt sie vor, wir könnten in den Zoo gehen. Auf dem Weg dorthin wirkt sie weiterhin sehr angespannt. Ich nehme mein Wörterbuch Deutsch-Chinesisch und zeige ihr das Wort Verpflichtung. Zunächst ist sie sich nicht sicher, was ich meine, doch ich kann ihr begreiflich machen, sie brauche sich nicht verpflichtet zu fühlen, mit mir zu kommen. Sie akzeptiert, erklärt mir den Weg in den Zoo und kehrt, scheinbar erleichtert, zurück zu ihrem Mann. Es scheint, als hätten sie etwas zu klären. Was, weiß ich bis heute nicht, als ich sie später danach fragte, erinnerte sie sich nicht mehr. So gehe ich also allein in den Zoo von Kunming. Das erweist sich aber als keine allzu gute Idee, dieser Zoo lässt mich noch trübsinniger werden. Die Tiere sind hier so richtig ausgestellt für die Menschen, weit entfernt von tiergerechter Haltung. Und dazwischen Karussells für die Kinder. So bleibe ich nicht lange, gehe ins Hotel und muss zuerst mal verdauen, was ich da gesehen habe.

Und wieder Abschied

Ich begleite Guo noch ein paar Tage ins Spital zur Arbeit und helfe ihr. Es gibt wieder einen Studenten aus der Schweiz, er ist jung, noch keine 30, und ziemlich übergewichtig. Die jungen Krankenschwestern machen sich ein bisschen lustig über ihn, denn er versucht, mit allen anzubändeln und sie finden ihn ziemlich hässlich. Einmal bekomme ich mit, wie er aus Versehen zweimal dieselbe Frau anbaggert, mit denselben Sätzen. Verständlicherweise erhält er eine ablehnende Reaktion. Jennifer ist jetzt mit ihm beschäftigt. Da sie als Übersetzerin seit Jahren den Ärztinnen zuschaut, kennt sie sich natürlich bestens aus in Akupunktur und behandelt ihn gegen Adipositas (Fettsucht). Guo kommt daher, sieht sich seinen Bauch an, greift in seinen überschüssigen Speck, zieht daran und geht dann weiter. Der Junge ist ganz entgeistert: „Greift die mir einfach in meinen Speck." Guo kennt keinerlei Berührungsängste, da habe ich viel gelernt von ihr. Am Anfang traut man sich ja kaum, jemanden anzufassen. Es gibt auch fette Chinesinnen, wenn auch wenige. Ihnen wird empfohlen, anfangs alle zwei Tage zur Behandlung zu kommen. Vor allem werden Punkte am Bauch gewählt, die den Stoffwechsel anregen, es werden auch Ernährungsempfehlungen gegeben und die Patientin wird jedes Mal zuerst gewogen. Nachdem Jennifer den Jungen behandelt hat, sitzen wir zusammen und sie sagt mir, sie hätte ihre Periode und arge Bauchschmerzen. Ich schlage ihr vor, sie zu behandeln, sie will sich aber nicht von mir stechen lassen. So massiere ich ihr den Punkt Niere 5, an der Innenseite des Fußes schräg unterhalb des Knöchels in einer Vertiefung. Es ist der Xi-Punkt des Nierenmeridians. Jeder Meridian hat einen Xi-Punkt, diese sind besonders wirksam bei akuten Beschwerden. Jennifer ist begeistert, denn schon nach wenigen Minuten Massieren sind ihre Schmerzen weg. Die Xi-Punkte sind zwingend zu lernen für die Prüfungen; aber, was verzwickt ist: Auch die außerordentlichen Gefäße haben einen Xi-Punkt, an die denkt man oft nicht und die sollte man unbedingt auch kennen, mit Sicherheit kommt dazu eine Frage.

Nachmittags lernt Jennifer mit dem Jungen die chinesischen Namen der Punkte. Das ist sehr interessant: Im Gegensatz zu uns, wo die Punkte einfach Nummern haben und nach dem zugehörigen Meridian/Organ benannt sind, hat in China jeder Punkt einen Namen. Jeder Name hat eine Bedeutung und sagt etwas über den Punkt und seine Anwendung und Wirkung aus. Sie sind aber sehr schwierig zu lernen, unser System ist da doch etwas einfacher.

Am Abend verlasse ich das Spital gemeinsam mit Guo und sie geht strammen Schrittes die Straße entlang. Sie ist wieder sehr wortkarg und ich habe keine Ahnung, was vor sich geht; schließlich frage ich sie, was wir machen. „Ich koche", sagt sie. Wir gehen auf einen Markt einkaufen, was immer mit angeregten Gesprächen mit den Händlerinnen verbunden ist. Was mich erstaunt: Bei uns will man immer so mageres Fleisch wie möglich, hier ist das fettigste das beliebteste. Dass Fett sehr gut schmeckt, habe ich hier begriffen und auch zu Hause kaufe ich nun lieber weniger, aber fettes Fleisch. Allerdings, ich habe noch nie viel Fleisch gegessen. Nach dem Essen befassen wir uns noch mit all ihren Papieren, die sie braucht, um in die Schweiz zu kommen, wir füllen aus, kopieren alles zig-fach für die verschiedenen Ämter und sortieren.

Jennifer möchte gern, dass wir alle zusammen nochmals zu den heißen Quellen fahren. Da freue ich mich sehr drauf. Zuerst besuchen wir aber einen Tempel in der Nähe. Wir werden von einem Mönch willkommen geheißen und herumgeführt, dürfen trommeln, rezitierendem Gesang zuhören, es steht Papier und Tusche zur Verfügung und Jennifer übt sich im Schriftenmalen. Ich filme sie dabei, sie strahlt, dann schwenke ich kurz auf Guo, die aufmerksam zuschaut und merke gleich, dass es Jennifer frustriert, dass ich schon wieder Guo anstatt sie filme. Danach dürfen wir, zusammen mit anderen Gästen, an einer Teezeremonie teilnehmen. Der Tee wird immer wieder aufgegossen und abgeleert, es dauert etwa eine halbe Stunde, bis er bereit ist. Neben den vielen tibetischen Mönchen wohnt auch ein Chinese hier, von der Regierung eingesetzt, um ein Auge auf die Mönche zu haben. Er distanziert sich aber klar von seinem Auftrag und meint, er überlege sich, selber Mönch zu werden. Jennifer stellt viele Fragen zum Buddhismus, zuerst auf Englisch, nach einer Weile wechselt sie ins Chinesische. Sicher, der Dalai Lama und auch Buddha empfehlen, alles zu hinterfragen und für sich selber zu prüfen. Doch ich glaube, so war es nicht gemeint, dass man jemanden dermaßen mit kopflastigen Fragen zuballert. Der Mönch antwortet geduldig. Niemand anders kommt zu Wort, sie findet kein Ende, ich möchte nicht unhöflich sein, aber als ich merke, wie der Ärger bei mir immer höher steigt, gehe ich schließlich leise nach draußen. Als die anderen dann nach langer Zeit endlich nachkommen, ist es natürlich zu spät für die heißen Quellen.

Zu meinem Abschied möchte Guo uns alle in ein Restaurant einladen. Ein Amerikaner ist auch dabei. Ich bin voller Bewunderung für ihn, denn er spricht sehr gut Chinesisch. Der Gedanke, diese Sprache lernen zu wollen, macht sich langsam in mir breit; dass es möglich ist, dafür habe ich hier den Beweis. Wir haben eine schöne Runde, auch Guos Sohn kommt dazu.

Dann, bei ihr zu Hause, besprechen wir nochmals, wie es jetzt weitergeht und wer was machen muss. Sie schenkt mir zum Abschied ein Gerät zur Anwendung von Gua Sha, welches ich freudig annehme. Dann wendet sie sich plötzlich wieder mit ihrer vollen Aufmerksamkeit, ihrem intensiven Blick in meine Augen und ihrem einmaligen Lächeln mir zu: „Ich denke, ich fahre sehr gut mit dir und es tut mir leid, ich war nicht immer sehr nett zu dir." Sie bringt mich noch zu meinem Hotel, es ist in der Nähe, wir können zu Fuß gehen. Am nächsten Tag wird mich, da sie arbeitet, ihr Mann hier abholen und zum Flughafen bringen. Ich zeige ihr, wie wir uns in der Schweiz verabschieden, mit drei Küsschen. Sie ist da ganz natürlich. „Ich vertraue dir, dass du mir alles zeigen und beibringen wirst, und ich freue mich, neue Erfahrungen zu machen." Zum Abschied umarmen wir uns, wobei sie mich in eine etwas dunklere Ecke vor dem Hotel zieht. Chinesinnen und Chinesen sieht man nie sich umarmen, verschweige denn küssen. Wobei mir sehr auffällt, dass auch bei uns immer weniger bis nun gar nicht mehr öffentlich geküsst wird, ganz im Gegensatz zu früher. Als ich jung war, wurde immer und überall geküsst.

Einladung

Wieder zu Hause, versuchte ich es nochmals mit einem Brief an das Schweizer Konsulat in Peking. Da eine Arbeitsbewilligung in meiner Praxis bereits abgelehnt wurde, bestand die einzige Chance, dass sie ein Jahr bleiben konnte, sie zu Weiterbildungszwecken einzuladen. Ich führte unzählige Telefonate mit einem Herrn vom Konsulat, ich kannte ihn inzwischen schon richtig gut, aber schließlich mussten wir aufgeben und entschieden, sie erst mal einfach zu einem Besuch einzuladen. Denn natürlich wollte ich nicht zuerst im Europäischen Raum suchen, um dann nachweisen zu können, dass ich keine gleichwertige Kandidatin für die Stelle gefunden hatte. Ich wollte ja eigentlich niemanden anstellen, dazu hatte ich noch viel zu wenige Patientinnen, aber ich hätte gern Guo hier an meiner Seite gehabt. Also noch ein Brief meinerseits ans Konsulat, in welchem ich garantierte, für sämtliche Kosten für den Lebensunterhalt sowie bei Unfall oder Krankheit aufzukommen und ebenfalls, dass sie nach zwei Monaten wieder ausreisen und in der Schweiz nicht arbeiten würde. Dasselbe schrieb auch Guo ans Konsulat mit der Bitte, ihr ein Besuchervisum auszustellen. Und wieder brauchte es auch einen Brief vom Manager des Spitals mit der erneuten Bestätigung, dass Guo, da sie keine Arbeitserlaubnis für die Schweiz erhalten hatte, nun auch für zwei Monate das Spital in Kunming verlassen konnte, um in die Schweiz zu reisen und bei ihrer Rückkehr ihre Stelle wieder antreten zu dürfen. Und meinerseits brauchte es noch zusätzlich einen offiziellen Einladungsbrief für Guo inklusive Begründung, warum ich sie einladen möchte. Vom Migrationsamt war mir mitgeteilt worden, dass die Schweizer Botschaft berechtigt wäre, direkt ein Besuchervisum auszustellen, und ich bat den Botschafter, dies zu tun ohne nochmaligen Umweg über Bern. Aber all dies genügte noch lange nicht: Von mir wollten sie einen Bankauszug, um sicher zu sein, dass ich im Notfall für Guo aufkommen könnte, dann eine Kopie des Kaufvertrags des Hauses, in dem wir wohnen, eine Erklärung meiner Freundin, der das halbe Haus gehört, dass auch sie mit dem Besuch einverstanden ist, eine Bestätigung der Reservierung eines Retourflugtickets, Passkopien, Geld, ausgefüllte Formulare, einen Betreibungsregisterauszug und so weiter ohne Ende. Guo hatte das Visum für Mai und Juni beantragt. Ich war mir sicher, dass es klappen würde. So viele Asiatinnen leben und arbeiten in der Schweiz, so viele kommen als Touristinnen und reisen durch Europa. Warum sollte ausgerechnet Guo nicht kommen können? Ich kaufte zuversichtlich Tickets für uns für ein Konzert im Hallenstadion von Celine Dion im Juni. Doch sämtliche Papiere gingen nochmals über Bern, dann wieder zum Migrationsamt in Zürich und von dort erhielt ich wieder einen Brief mit vielen Fragen, unter anderem welche Beziehung zwischen uns besteht, wo wir uns kennengelernt hatten, ob sie bereits einmal in der Schweiz war, wo ihre Familienangehörigen wohnen, über ihre Tätigkeit in China und was sie nach ihrer Rückkehr dort machen würde, warum es ihr möglich ist, Ferien in der Schweiz zu verbringen, wie lange sie bleiben möchte und es wurde eine ausführliche Begründung verlangt, warum ein Besuchsaufenthalt vorgesehen ist und so weiter. Ich beantwortete alles pflichtgemäß, ließ eine ausgefüllte Verpflichtungserklärung amtlich beim Notariat beglaubigen und irgendwann bekam sie endlich ein Besuchervisum für August und September. Das Konzert von Celine Dion hatten wir mit einer anderen Freundin besucht. Es kam hinzu, dass Guo persönlich im Konsulat in Peking vorstellig werden und dann dort eine Woche auf das Visum warten musste, um es abzuholen. Peking ist drei Flugstunden von Kunming entfernt. Ich kann nicht verstehen, warum die Schweiz es chinesischen Touristinnen so schwer macht, da man doch immer wieder hört, wie gern man den Tourismus aus Asien hat und wie viel Geld hier ausgegeben wird. Guo meinte, für Gruppenreisen sei es einfach, da besorge der Reiseleiter die Visa für alle. Ich nehme an, dass diese Schwierigkeiten zum Teil entstanden sind, weil wir zuerst ein Arbeitsvisum beantragt hatten.

Prüfungsresultate

Inzwischen waren die Prüfungsresultate vom Berufsverband gekommen. Es waren drei Umschläge, einer für die Medizinprüfung, einer für die Akupunkturprüfung und einer für die praktische Prüfung, die bereits vor meiner Reise nach Basel bei mir in der Nähe stattgefunden hatte und bei der man aus einem Haufen zehn Zettel mit Punkten ziehen und diese an einer Testperson mittels selbstklebenden Ordnerringli aufkleben sollte. Es wurden nur schlanke Probanden akzeptiert für die Prüfung, damit die Punkte besser aufzufinden wären und damit die Chancen für alle gleich sind, denn oft orientiert man sich beim Auffinden der Punkte an Knochen. Von den zehn zu klebenden Punkten musste man für das Bestehen der Prüfung sieben richtig haben. Das scheint machbar, dennoch bin ich, wie die meisten anderen, das erste Mal durchgefallen und dies war meine zweite Prüfung. Es waren jeweils vier Expertinnen anwesend. Eine von der ersten Prüfung kannte ich von Praktikumstagen an meiner Schule. Sie war mir sehr wohlgesonnen, wir mochten uns sehr, sie hielt viel von meinen Fähigkeiten als Akupunkteurin und ließ mich manchmal Patientinnen, die in die Schulpraxis kamen, schon damals ganz allein behandeln. Die Expertinnen schauten das Geklebte ganz genau an und diskutierten lange miteinander, sie nahmen es sehr genau. Die Mitte des Lochs des Ringlis musste ganz genau den Punkt treffen. Man durfte auch abmessen mit einem Gummiband. Dies macht oft Sinn, wenn man noch nicht viel Übung beim Auffinden der Punkte hat. Der Körper wird in Cun eingeteilt. Ein Cun ist etwa einen Daumen breit. Aber darauf kann man oft nicht bauen. Das beste Beispiel ist zwischen Schambein und Bauchnabel: dort sind es immer fünf Cun. Da aber die Bäuche sehr verschieden groß sind, teilt man das Gummiband in fünf gleiche Abschnitte (es muss natürlich kürzer sein als der Abstand zwischen Schambein und Bauchnabel), dann kann man es hinhalten, ziehen und hat die Punkte an der richtigen Stelle. Die Zeit während der Prüfung ist allerdings beschränkt und fehlt oft für langes Nachmessen. Später, mit einiger Übung, arbeitet man sowieso nicht mehr mit Gummiband. Man muss ein Gefühl in den Fingerspitzen für die Punkte entwickeln, um sie zu spüren. Oft liegen sie in einer Vertiefung, die Chinesinnen nennen sie ‚Loch'. In dieser ersten Prüfung überlegte ich einfach zu lange und musste mich am Schluss beeilen. Diese Expertin bedauerte im Nachhinein, dass ich nicht bestanden habe und sagte: „Ich weiß, dass du es kannst." Ich wusste es auch und konnte nicht verstehen, was ich falsch gemacht hatte. Nun aber sind die drei Umschläge gekommen und ich war sehr nervös, sie zu öffnen. Ich rechnete damit, sowohl in Medizin als auch in Akupunktur durchgefallen zu sein. Die praktische Prüfung hatte ich bestanden, das wusste ich schon, nun öffnete ich langsam den Umschlag mit den Resultaten der Medizinprüfung. Sie war wirklich schwer gewesen, von einer Mitstudentin wusste ich, dass sie zwei Jahre Medizin studiert hatte und durch diese Prüfung gefallen war. Ich nahm das Blatt aus dem Umschlag, öffnete es … und stieß einen Jubelschrei aus: 70 % richtig, genau was es brauchte. Und dasselbe bei der Akupunktur; ein Freudentag! Ich glaubte es kaum! Endlich konnte ich offiziell arbeiten und über die Zusatzversicherungen der Krankenkassen abrechnen. Das war ein langer und manchmal sehr harter Weg gewesen bis dahin. Noch ganz am Schluss, als ich glaubte, alles für die Ausbildung erfüllt zu haben, änderte die Berufsorganisation nochmals die Anforderungen und verlangte statt 600 Lektionen (eine Lektion zu 45 Minuten) plötzlich 600 Stunden. Das hieß für mich, nochmals 90 Stunden Medizin zu besuchen. Doch nun, endlich, war es geschafft. Sofort reichte ich die Unterlagen dem Kantonsärztlichen Dienst der Gesundheitsdirektion des Kantons Zürich ein und erhielt die Bewilligung zur selbstständigen Berufsausübung der Akupunktur. Das brachte es natürlich auch mit sich, dass ich regelmäßig Weiterbildungen besuchen musste. Am liebsten waren mir schon immer solche mit praktischem Bezug. An einer solchen übten wir zu zweit, uns abwechslungsweise die Punkte am Rücken zu stechen, und es wurde, wie auch schon während der Ausbildung, sehr großer Wert darauf gelegt, dass die Nadeln schräg, in einem Winkel von 45°, gesetzt werden. Dies wurde uns so sehr eingebläut, dass ich einmal richtig erschrocken war, als die Lehrerin den Punkt Blase 23 (etwas unterhalb der Taille) gerade und tief stach, doch sie meinte erstaunt: „Hier ist ja keine Lunge mehr." Ja, selbstverständlich sticht man die Punkte am oberen Rücken schräg, um keinen Pneumothorax, ein Zusammenfallen der Lunge durch Eindringen von Luft, zu verursachen. Inzwischen halte ich diese Gefahr aber für äußerst gering, weil auch dort die meisten Menschen genug Fett haben und auch weil die Nadeln so fein sind, dass sich so ein Löchlein sofort wieder schließen würde. Natürlich soll man jede Nadel mit Vorsicht und Respekt setzen, aber schon lange halte ich den 45°-Winkel nicht mehr ein. So kam ich mit der Kollegin, mit der ich übte, ins Gespräch und wir stellten fest, dass wir beide ein Praktikum in Kunming gemacht hatten. Nun hatten wir natürlich reichlich Gesprächsstoff, selbstverständlich kannte sie alle Ärztinnen dort. Sie war bald nach meiner Abreise angekommen und sie war mit Guo zusammen, als ich anrief, um Guo mitzuteilen, dass ich nochmals nach China kommen werde. Sie sagte mir, Guo hätte sich sehr gefreut, sie sei ganz aus dem Häuschen gewesen. Dies zu hören machte mich froh, denn manchmal verstand ich nicht wirklich, was in Guo vorging.

Abrechnung

Nun war es also endlich so weit, ich durfte offiziell praktizieren und diejenigen Patientinnen, die bei der Krankenkasse eine Zusatzversicherung für Komplementärmedizin abgeschlossen hatten (das waren die meisten, einige hatten dies schon vor so langer Zeit gemacht, dass sie sich gar nicht mehr daran erinnerten und bei ihrer Krankenkasse nachfragen mussten), konnten die Rechnungskopie an ihre Kasse einsenden und erhielten die Kosten rückerstattet. Wobei der Selbstbehalt je nach Kasse zwischen 10 % bis 25 % variiert. Früher hatte man diese Zusatzversicherung meist automatisch abgeschlossen, denn die Mehrkosten waren gering und sind es heute noch. Dennoch haben einige im Laufe dieser Zeit mit den stetig steigenden Krankenkassenprämien diese Zusatzversicherung gekündigt, um wenigstens ein bisschen Prämien sparen zu können. Ich rate jedoch davon ab, dies zu tun, denn diese Zusatzversicherung bietet sehr viel: Von Zuschüssen für eine Brille oder einen Fitness-Abo über Massagen bis zu sämtlichen Angeboten aller beim Eidgenössischen Medizinischen Register (EMR) eingetragenen Therapeutinnen (und das sind sehr viele und sehr viele verschiedene Therapieformen). Ein weiteres Problem kommt hinzu, wenn man diese Versicherung kündigt: Man denkt ja immer, jede Versicherung ist scharf darauf, einen zu versichern; nicht so bei der Zusatzversicherung, ab einem bestimmten Alter nehmen sie einen nicht mehr auf. Ich selber hatte schon diesen Fehler gemacht und wollte ein Jahr später, nach einem Krankenkassenwechsel, diese Versicherung wieder abschließen. Weit gefehlt, ich wurde abgelehnt. Auf meine Nachfrage hin bekam ich die Auskunft, sie seien nicht verpflichtet, mich zu versichern und auch nicht, die Ablehnung zu begründen. Dabei hatte ich nur von der Mutter- zur Tochtergesellschaft gewechselt. Meine Eltern waren jahrzehntelang bei jener Gesellschaft versichert, meine Mutter bis zu ihrem Tod und ich ebenfalls seit Geburt. Ich weiß, das zählt alles nicht mehr, es dreht sich alles nur noch ums Geld und weniger um die Gesundheit. Einmal kam eine Frau als Patientin zu mir, die früher bei jener Versicherung angestellt gewesen war, und diese Frau erzählte mir, sie hätten Anweisung gehabt, auf Anfragen zur Kostenübernahme immer zuerst einmal Nein zu sagen. Es lohnt sich also, zu insistieren und nicht gleich die erste Antwort zu akzeptieren. Mit derselben Krankenkasse sollte ich noch öfter Probleme bekommen: Immer wieder bekamen dort versicherte Menschen, die gerne zu mir in eine Behandlung kommen und sich zuerst über ihren Versicherungsstatus erkundigen wollten, die Auskunft, ich sei keine bei ihnen registrierte Therapeutin. Dies machte mich, ich denke verständlicherweise, sehr ärgerlich, und mehr als einmal hatte ich dort angerufen, woraufhin ich dann doch plötzlich im Verzeichnis registrierter Therapeutinnen gefunden wurde. Wie viele Menschen sich jedoch zuerst erkundigt haben und auf diese Auskunft hin nicht zu mir gekommen sind, weiß ich nicht. Es ist auch die einzige Versicherung, die den Einschluss der medizinischen Notwendigkeit im Vertrag hat, so kann sie eigenmächtig bestimmen, ob eine weitere Behandlung noch Sinn macht. Oft bekam ich bereits nach ein paar Behandlungen ein Formular zugesandt, dass ich auszufüllen und darin den medizinischen Nutzen zu erklären hatte. Einmal kam ein solches Formular schon nach drei Behandlungen, woraufhin ich wieder anrief und die Auskunft erhielt, diese Person sei schon Anfang des Jahres in Behandlung, wenn auch bei jemand anderem, gewesen. Ein anders Mal ging es um eine ältere Frau, die schon eine Weile und sehr gerne zu mir kam und die die Behandlung schätzte und als hilfreich empfand. Selbstverständlich ließ auch hier das Formular, das ich auszufüllen hatte, nicht lange auf sich warten. Nach Einsenden des Formulars bekam sie noch ein paar Behandlungen zugebilligt und dann hieß es von der Krankenkasse, die Kosten würden nicht mehr übernommen. Dies kommt bei dieser Krankenkasse sehr oft vor, eigentlich fast bei allen dort Versicherten. Auch diese Frau war bereits ihr ganzes Leben lang bei jener Kasse versichert und hatte sie früher nie viel gebraucht. So rief ich wiederum dort an. Als ich insistierte, erhielt ich schließlich die Auskunft: „Sie kann schon weiter zur

Akupunktur gehen, aber nicht mehr bei Ihnen." Ich denke mir, andere Therapeutinnen wissen, welche Versicherung ich meine. Ebenfalls eine abschlägige Antwort bekam meine Freundin. Sie verwickelte die Sachbearbeiterin in ein Gespräch und bekam schließlich zu hören: „Wissen Sie, wir sind nicht die einzige Versicherung, die mit dieser Therapeutin Probleme hat!" Nun war ich wirklich schockiert über diese Aussage, denn noch mit keiner anderen Versicherung außer dieser hatte ich je Probleme; mit keiner anderen Versicherung sah ich mich überhaupt je gezwungen zu telefonieren, außer natürlich mit meiner neuen, eigenen, die mich auch für die Zusatzversicherung aufgenommen hatte und mit der ich, vor allem in der Zusatzversicherung, sehr zufrieden bin. Sie bezahlen mir 90 % der Behandlungskosten und dies unbeschränkt, es ist die Groupe Mutuel. Sicher, die Leute haben unterschiedliche Ansichten, was ihnen bei einer Versicherung wichtig ist, wer aber Wert legt auf eine gute Zusatzversicherung, dem rate ich auf jeden Fall von der Helsana ab; mit allen anderen Krankenkassen hat immer alles reibungslos geklappt. Und jetzt kommt doch heute eine Patientin mit Heuschnupfen in meine Praxis und erzählt mir, die Tochter einer Kollegin hätte bei der Helsana gearbeitet. Sie macht dieselbe Aussage und gibt noch einen drauf: 1. Weisung, Anfragen von Patientinnen abwimmeln, 2. Wer am meisten Anfragen abwimmeln kann, erhält die höchsten Prämien! Ich habe mir lange überlegt, ob ich den Namen der Krankenkasse erwähnen soll und mich schließlich dafür entschieden, denn ein solches Geschäftsgebaren geht zu weit, und inzwischen hat auch der ‚Beobachter'* zweimal in Folge über die Helsana berichtet, ebenfalls nichts Gutes.

*bekannte Schweizer Zeitschrift, die immer wieder Mißstände aufdeckt

Ich freue mich, bald in die Schweiz zu gehen und informiere mich im Internet. Es ist ein kleines europäisches Land mit einer Bevölkerung, die der von Kunming ähnelt. Aber dies ist ein Hochwohlstaat, und ein wichtiger Aspekt des nationalen Wohlergehens ist die Gesundheitsfür-

sorge. Es gibt eine Krankenversicherungspflicht, jedes Kind erhält schon bei der Geburt eine Versicherungsnummer, was einen nachdenklich machen kann. Die Ärztedichte ist sehr hoch, dennoch klagen Ärzte in der Regel über den Druck der Arbeit und über lange Arbeitszeiten. Es kann konstatiert werden, dass das Problem der ungleichen Verteilung der Ärzte zwischen städtischen und ländlichen Gebieten nicht nur unseres ist, und auch hier macht die demografische Entwicklung Sorgen. Der Anstieg der Krankenversicherungskosten ist erschütternd.

Und wie sieht es mit der Einführung von TCM-Kliniken aus? Das Interesse der Bevölkerung an der Chinesischen Medizin, vor allem an der Akupunktur, begann in den 70er-Jahren zu erwachen. In der Schweiz entwickelten sich TCM-Kliniken zunächst langsamer als in anderen europäischen Ländern. Inzwischen hat in der Schweiz aber die Akzeptanz der TCM alle anderen Länder überholt. Der groß angelegte Einstieg der TCM begann in den 90er-Jahren durch ein Unternehmen, das in Zusammenarbeit mit dem Internationalen Austauschzentrum für TCM der Nationalen Verwaltung seine erste Praxis in der Schweiz eröffnete. Seitdem ist die Anzahl der Praxen dieses Unternehmens stark gestiegen, und andere Unternehmen kamen hinzu. Die Ärztinnen kommen aus ganz China und werden unter der Schirmherrschaft der staatlichen Verwaltung ausgewählt. Es gibt zwei treibende Kräfte der schnellen Entwicklung der TCM-Kliniken in der Schweiz: Erstens sind die Behandlungsgebühren hoch und natürlich auch der Gewinn, und zweitens ist die Schwelle für die Eröffnung von TCM-Kliniken niedrig. Sie fallen nicht unter die Gesetzgebung für Ärzte, sondern der für Therapeuten. Der Zugang wird von Fachverbänden geregelt, von denen der EMR (eidgenössisch medizinisches Register), der wichtigste ist. Dort werden die Qualifikationen und Standards geprüft. Dies ist für chinesische Mediziner, die in die Schweiz kommen, kein großes Problem. Ein großer Unterschied zwischen der Schweiz und China besteht darin, dass in China das Hauptgeschäft die Verschreibung von Kräutern ist, während dies in der Schweiz eher nebensächlich und die Akupunktur die wichtigste Behandlungsmethode ist.

Guo in der Schweiz

Die Spaziergänge mit meinem Hund führten mich oft in die Nähe von Opfikon, von wo aus man die Flugzeuge landen sah, und jedes Mal, wenn sich so ein Riesenvogel näherte, stellte ich mir vor, wie Guo irgendwann in so einem sitzen würde; wie sie müde sein würde nach dem langen Flug, wie ich sie nach Hause bringen, ihr das Wasser in die Badewanne einlaufen lassen, für sie kochen und ihr dann das Praxis- und Gästehäuschen zeigen würde. Einmal träumte ich, wir säßen zusammen in der Badewanne, ich seifte ihr den Rücken ein, plötzlich stand chinesisches Militär im Zimmer. Ich stand auf, sagte, sie hätten nicht das Recht, hier hereinzukommen, wir seien da in der Schweiz, aber plötzlich war Guo verschwunden. Als ich nach draußen rannte, sah ich, dass im Keller viele Chinesen versteckt waren. Ich schrie: GUO, rannte einen Fluss entlang, schrie, von Weitem meinte ich ihre Silhouette zu erkennen, schrie, rannte, aber sie verschwand im Nebel. Dann erwachte ich. Ein sehr eindrücklicher Traum; hoffentlich kein böses Omen.

Doch endlich stehe ich tatsächlich am Flughafen in der Ankunftshalle und warte, schaue auf die Uhr, wieder auf die Tafel, ihr Flugzeug ist gelandet, ich warte, die Tür spuckt einen Schwall von Menschen aus. Ich schaue, warte, da, wir sehen uns gleichzeitig, zwischen uns nur noch ein Korpus, wir rennen nach rechts, wollen um den Korpus herum, nein, doch nach links, schnell das letzte Hindernis aus dem Weg, ihr Gepäck lässt sie stehen, und endlich können wir uns umarmen. Was für eine Freude. Nun mit ihr samt Gepäck zum Auto, aber da ist nichts von Müdigkeit, nein, die Stadt will sie sehen. Es ist früher Vormittag am 1. August, also ins Großmünster und an den Festivitäten teilnehmen (auch für mich das erste Mal). Dann zum See, baden. Ein Mann spricht uns an, ein China-Fan und sicher ein Fan schöner Chinesinnen, wir unterhalten uns und er meldet sich gleich an für eine Behandlung. So haben wir schon am ersten Tag einen neuen Patienten.

Danach, da wir schon mal hier am See sind, möchte ich ihr unseren von Menschen aus Kunming angelegten Chinagarten zeigen. Ich kenne ihn bereits, aber sie erklärt mir nun sämtliche Inschriften. In China habe ich viele schöne Parkanlagen gesehen und ich frage Guo, warum man sie nicht betreten darf. Guo erklärt mir, dass es in China so viele Menschen gibt, und wenn alle die Parks betreten würden, wären sie bald ein Acker.

Am nächsten Tag sind wir bei einer Freundin zum Brunch eingeladen, und an einem der folgenden Tage bei einem Nachbarn zum Essen. Wir erzählen von unseren Aktivitäten, er scherzt mit Seitenblick auf Guo, die ja eben erst aus China angekommen ist: „Ah, endlich ein Chinagarten." Bereits am Vorabend hat er verkündet, er werde ein Fondue machen. Ich habe meine Zweifel, ob Guo da begeistert sein würde, aber er meinte, das mache nichts, er mache auch noch einen Salat. Zu meinem großen Erstaunen zeigt Guo sich jedoch sehr aufgeschlossen der fremden Küche gegenüber. Das Fondue findet sie zwar stinkend, aber zum Essen nicht schlecht. Dasselbe gilt auch für das Raclette, zu dem wir an einem der folgenden Tage eingeladen werden. Natürlich, wir essen in der Schweiz viel Käse im Gegensatz zu China, wo man höchstens diese kleinen dreieckigen Gerberkäsli in der Kartonschachtel findet, aber nun scheinen alle unserem ausländischen Gast unseren Käse präsentieren zu wollen. Ich lerne schnell: Wenn Guo beim Essen sagt, es ist o.k., dann schmeckt es ihr nicht besonders, dann ist es für sie gerade noch essbar. Richtig schmecken tut es ihr, wenn sie freudig kichert. Wir kochen oft zusammen und lernen beide voneinander. Einmal mache ich eine Pizza, selbstverständlich ist alles, auch der Teig, selber gemacht. Sie ist skeptisch und probiert vorsichtig mit spitzem Mündchen, dann kichert sie begeistert. Sie hat auch ein paar Esswaren von zu Hause mitgebracht, darunter eingemachter Tofu im Glas, der für meine Nase sehr stinkt und den zu essen ich trotz größerer Aufgeschlossenheit den fremden Gerüchen gegenüber ich mich nicht überwinden kann, den sie aber begeistert isst; und Knoblauch. Schmunzelnd informiere ich sie, dass es Knoblauch bei uns auch gibt.

Schnell hat Guo gemerkt, dass die Menschen sich hier ‚Grüezi' sagen, auch die, die sich nicht kennen, und sie macht es ebenso. Einmal fragt sie mich: „Was heißt ‚mitenand?'" Ich staune immer wieder über ihre Aufgeschlossenheit und Begeisterung. Als wir die Habsburg besuchen, ist draußen eine Hochzeitsgesellschaft beim Apéro, sie mischt sich mitten unter die Leute und ruft in die Gesellschaft hinein: „Grüezi mitenand!" Die Hochzeitsgäste grüßen erfreut zurück. In Schinznach-Bad weckt ein Behinderter ihr Interesse, der mit dem Rollstuhl mittels Hydrauliklift ins Wasser gelassen wird, sie fixiert den ganzen Vorgang genau und meint bewundernd, so etwas gäbe es in China nicht. Und Guo erklärt mir auch, warum es in China kein WC-Papier auf den Toiletten gibt: Einmal sei versucht worden, die Toiletten mit Papier auszustatten, doch sei dieses umgehend verschwunden, die Leute nehmen es sofort mit.

Nach und nach zeige ich ihr die ganze Schweiz und lerne auf die Art Orte kennen, an denen ich selber noch nie war, zum Beispiel das Jungfraujoch. In Bern essen wir in einem Migros-Restaurant, und wie immer, wenn wir zusammen in ein Restaurant gehen, machen wir es auf die chinesische Art: Wir nehmen verschiedene Speisen und stellen sie in die Mitte, von dort bestücken wir in unsere Teller. Inzwischen kommt mir unsere europäische Art zu essen, jede bestellt und schaut nur für sich selbst, richtig egoistisch vor. Am Schluss bleibt nur noch ein Stück Patisserie übrig. Ich fordere sie auf, es zu nehmen, sie will es mir geben, hin und her geht es, schließlich klopft sie sich auf den Bauch und sagt: „Ich muss abnehmen." Ich sage: „Also gut" und lasse das Stück in meinem Mund verschwinden. „Hast Du jetzt abgenommen?" Wir kugeln uns vor Lachen, da schnäuzt sich auch noch einer laut die Nase, in ein Taschentuch, das er wieder in seine Tasche steckt. Dies geht in China gar nicht, es ist wie bei uns das Spucken. Wir lächeln uns nur an. In Luzern im Verkehrshaus fliegen wir mit einem simulierten Gleitschirm durch die Luft, dann entdeckt sie eine große Personenwaage und stellt sich darauf, mit dem Rücken zu mir. Ich stelle meinen Fuß von hinten auch noch ein bisschen drauf und drücke. Sie ist verblüfft, entsetzt, denkt, da stimme etwas nicht, rennt aufgeregt um die Waage herum, stellt sich wieder drauf, mein Fuß kommt auch wieder, da merkt sie es, lacht schallend und schlägt mich immer wieder auf den Arm. Vor dem Saleweidli, das leider geschlossen und ausgestorben ist, die Serie im Fernseher ist seit Längerem vorbei, setzen wir uns auf die Wiese. Laura ist auch mitgekommen, und jede singt den anderen ein Lied vor; zwei Frauen, die mit dem Fahrrad vorbeifahren, kommen vor Staunen und Schauen beinahe vom Weg ab. Auf dem Ballenberg schauen wir altem Handwerk zu und probieren die Stelzen aus. Ich hatte gedacht, das sei einfach, als Kinder waren wir oft mit Stelzen unterwegs, Treppen rauf und runter, doch jetzt bringe ich zunächst kein Bein hoch. Bis ich merke, ich muss das vom Kopf her steuern, alles kommt vom Kopf; und schon geht es wieder.

Von Schloss Chillon bin ich eher enttäuscht. Seine Lage ist zwar ausgesprochen schön, aber innen ist nichts, nur leeres Gemäuer. Da könnte man sich mal ein Vorbild nehmen an englischen Schlössern; sie wissen mit Holografie zu präsentieren, mit Wachsfiguren und vielem mehr, dort wird der Anschein erweckt, als würden die Leute darin noch wohnen.

Mit offenem Autodach und lauter Musik fahren wir fröhlich nach Appenzell, wo wir eine Gondel auf einen Berg nehmen. Vor ihrem Abflug in die Schweiz ist Jennifer mit Guo einkaufen gegangen. „Wanderschuhe“, hat sie ihr gesagt, „brauchst du in der Schweiz.“ Also hat Guo ihre Wanderschuhe angezogen, so wie ich. Auf der Bergstation gibt es einen Kiosk. Sie probiert einen Hut, er ist ihr zu klein; mir ist er etwas zu groß, ich hänge ihn wieder hin, sage zu Guo gewandt: „mehr Intelligenz“, Sie lacht: „Mehr Wasser.“ Nun will ich losmarschieren, ich bin nicht zum ‚Lädelen‘ gekommen. Von der Bergstation aus führen Wanderwege auf noch höhere Berge. Wir besprechen kurz, wo wir hingehen wollen, und schon rennt sie wie von der Tarantel gestochen den Berg hinauf; ich kann ihr kaum folgen. Oben angekommen, wählen wir für den Abstieg einen anderen Weg, verlaufen uns und müssen uns am Schluss beeilen und nochmals ein Stück aufsteigen, um die letzte Talfahrt zu erwischen. Während ich langsam und gleichmäßig gehe, ist bei ihr nun der Schuss längst draußen, fast ist ihre Energie am Ende und sie ärgert sich ein bisschen, dass sie wieder aufsteigen muss. „Hast du das gewusst?“ „Nein, ich dachte, wir müssen auf die andere Seite. Ich habe keinen Orientierungssinn.“ Aber wir schaffen es, und wieder unten in Appenzell sind wir hungrig und wählen ein schönes Restaurant. Da ich weiß, dass die Chinesinnen zu jeder Mahlzeit Suppe essen, bestelle ich unter anderem zwei Suppen. Guo sitzt nur da, sagt nichts und isst auch nicht. Es ist eine richtig beklemmende Stimmung. Das Restaurant ist gut besetzt, die Leute unterhalten sich gedämpft. Schließlich frage ich Guo: „Was ist los, und warum isst du nicht?“ „Die Suppe ist heiß.“ Erst später fällt bei mir der 20er: Es ist ruhig im Lokal, die Suppe ist heiß, niemand schlürft, wie also eine heiße Suppe essen, ohne zu schlürfen? Außerdem, alle sind so leise, darf man überhaupt sprechen?

In Zürich besuchen wir ein sehr gutes chinesisches Restaurant, ein richtig chinesisches, eines, welches von den ansässigen Chinesinnen besucht wird. Ich lasse sie bestellen, und es schmeckt uns beiden sehr gut, wie in China. Und sie fühlt sich offensichtlich wohl in diesem eher lauten Restaurant. Aber auch ich besuche diesen Ort sehr gern. Ich werde immer chinesischer. Eine gute Freundin in Kalifornien sagte mir vor Kurzem, ich spräche Englisch mit chinesischem Akzent. Und einmal besuchen wir zusammen mit ein paar Freundinnen ein Karaoke-Restaurant in Zürich. Ich glaube, alle Asiatinnen mögen Karaoke und es sind auch entsprechend viele da. Meist sind es Thailänderinnen, aber die Chefin ist eine Chinesin. Guo wählt ein chinesisches Lied, das im Original von einem Paar gesungen wird und Guo und die Chefin übernehmen je einen Part dieses Liebesliedes. Sie singen mit schönen Stimmen und solch rührender Ernsthaftigkeit, dass nicht nur ich entzückt bin.

Im Medizinischen Museum neben der Universität gibt es eine Ausstellung, die wir besuchen und wir sehen einen nachgestellten Praxisraum aus dem 19. Jahrhundert. Ich weise sie darauf hin: „Schau mal, so hat es früher ausgesehen“, woraufhin sie meint: „Ja, eure Medizin ist noch sehr jung.“

Einer von Guos Arbeitskollegen aus Kunming, Guo nennt ihn übersetzt den goldenen Fisch, arbeitet zurzeit in der Schweiz, und sie vereinbaren ein Treffen vor der Migros. Guo kennt die Migros, sie ist gleich bei uns um die Ecke, und wir sind schon ab und zu zusammen dort einkaufen gegangen. Der goldene Fisch hat bei uns auf den Anrufbeantworter gesprochen, und ich meinte, etwas von Schaffhauserplatz gehört zu haben, doch Guo ist überzeugt, dass er hierher zum Seebacherplatz kommt. Sie macht sich auf den Weg dorthin, doch nach einer Weile kommt sie ohne den goldenen Fisch wieder. Ich packe sie ins Auto, wir fahren zum Schaffhauserplatz und werden dort tatsächlich des goldenen Fisches fündig. Seither weiß sie und sagt es immer wieder: „Viele Migros". Ein anderes Mal fährt der goldene Fisch mit ihr nach Schaffhausen und an den Rheinfall, bringt sie aber relativ früh wieder zurück. Guo wird auch von anderen Akupunkteurinnen, die bei ihr im Spital ein Praktikum gemacht haben, eingeladen. Bereits vor ihrer Abreise in die Schweiz hatte sie Kontakt aufgenommen, und nun geht sie einige davon besuchen. Als sie einmal nach so einem Besuchswochenende wieder nach Hause kommt, meint sie, ich müsse einen Namen haben für meine Praxis. Doch ich finde, ich muss mir keinen Fantasienamen ausdenken und nenne meine Praxis ganz real ‚Praxis für Akupunktur'. Dabei bin ich bis heute geblieben. Sie bekommt fast jeden Teil der Schweiz zu sehen. Nach dem Bündnerland, wo wir eine meiner Freundinnen besuchen, dem Welschland, dem Toggenburg und der Innerschweiz fahren wir für ein paar Tage ins Tessin. Dort feiern wir ihren Geburtstag mit einem Kuchen, was sie freudig überrascht, denn Geburtstage Erwachsener werden in China nicht explizit gefeiert. Nach Zermatt fahren wir mit einem Zelt und übernachten auf dem Campingplatz. Es ist September und wird nachts hier oben schon recht kalt. Ich staune wieder einmal über ihren praktischen Sinn. Natürlich haben wir nicht mit Kälte gerechnet, warme Kleider haben wir zwar, aber keine Wärmflaschen oder Ähnliches. Da füllt sie einfach sämtliche Getränkeflaschen mit heißem Wasser.

Ab und zu gehen wir alle zusammen in Zürich in den Ausgang oder zu Besuch. Guo schaut bei so einem Anlass, wie wir angezogen sind und passt sich mit ihrer Kleidung an. Einmal wollen wir tanzen gehen, Guo hat sich schön gemacht und als sie von ihrem Häuschen herüberkommt und sieht, dass wir ganz normal, mit Jeans und Pullover, angezogen sind, verschwindet sie sofort wieder und zieht sich um, ebenfalls Jeans und ein Hemd, dass ihr sehr gut steht. Da sie sehr weiblich ist, sieht sie in eher männlicher Kleidung besonders umwerfend aus. Wir gehen zu einem Frauen-Tanzabend, was wir ihr natürlich im Vorfeld mitteilen. Sie ist neugierig und sie hat auch schon gegoogelt und festgestellt, dass es, entgegen einer Aussage von Jennifer, dass asiatische Menschen Homosexualität nicht in den Genen hätten, auch in China viele lesbische Frauen gibt. Trotzdem sieht sie wahrscheinlich zum ersten Mal Frauen miteinander tanzen. Da es ein Tanzabend für ältere Frauen, so wie wir, ist, wird auch langsame Musik gespielt. Ich tanze mit Laura, plötzlich ist Guo nicht mehr an ihrem Platz. Ich mache mir Sorgen, dass dies nun doch etwas viel ist für sie und gehe nachschauen, finde sie draußen, frage nach und sie meint, es sei alles o.k. Dann wechselt die Musik und unversehens mischt sie sich unter die Frauen auf der Tanzfläche und tanzt ausgelassen. Sie hört nie auf, mich zu überraschen.

Ich nahm die Einladung meiner Freundin an, für zwei Monate in die Schweiz zu reisen, wo ich am 1. August 2008 zum ersten Mal landete. Conny zeigte mir alles und führte mich in alles ein, und während dieser Zeit verliebte ich mich tief in dieses Land, entwickelte ein großes Verständnis für Land und Leute und war entschlossen, die Möglichkeit, hier arbeiten zu können, beim Schopf zu packen, sollte sie sich mir bieten. Conny zeigte mir die ganze Schweiz, einmal fuhren wir zum Jungfraujoch, es liegt etwas Schnee und man kann dort Ski fahren, daneben ist es grün. Wir gehen durch einen eisgeschnitzten Showroom, durch den Souvenirladen und besteigen den Gipfel. Hier ist alles weiß, leblos, und ich stelle mir vor, dass vielleicht eines Tages, wenn das Eis schmilzt, wir hier seit Tausenden von Jahren schlafende Schweizer antreffen. Wir fahren auch nach Genf, Lausanne, ins Wallis, wo wir das Matterhorn se-

hen, nach Lugano etc. Wir besuchen auch viele schöne Seen der Schweiz und viele kleine und große Berge, auf die wir zum Teil wandern und wo wir viele Schweizerinnen antreffen, die ihrem schönen Land huldigen.

Meine Recherchen zur Schweiz

Da ich pünktlich zum 707. Geburtstag des Schweizer Landes hier ankam, hatte ich Gelegenheit, an den Feierlichkeiten teilzunehmen. Wir kamen in eine Kirche in Zürich, wo eine Gruppe von Priestern die Schweizer Nationalhymne spielte. Überall auf den Straßen Zürichs wehte die Schweizer Flagge. Ich hatte mich im Vorfeld informiert: Am 1. August 1291 schworen die Kantone Uri, Schwyz und Unterwalden aus der Zentralschweiz auf der Rütliwiese am Ufer des Vierwaldstättersees den Eid auf die Unabhängigkeit. Damit gilt die Rütliwiese als Symbol der Schweizer Unabhängigkeit und Freiheit und als Ursprung der Schweizerischen Eidgenossenschaft. 1860 schenkte eine gemeinnützige Gesellschaft die Rütliwiese der Schweizer Eidgenossenschaft, seither gilt sie als deren Wiege. Ludwig der II., der „Märchenkönig" von Bayern, besuchte die Schweiz mehrmals und auch Königin Elisabeth die II. traf dort 1980 auf einem Schiff ein, um sich ein Bild von der magischen, legendären Wiese zu machen. Heute ist es ein ruhiger Ort, immer noch nur mit Schiff oder einer 1-stündigen Wanderung erreichbar. Seit 1949 spricht jeweils eine bekannte Persönlichkeit am 1. August auf der Rütliwiese, dann gibt es Musik und sportliche Darbietungen und schließlich singt das ganze Publikum die Schweizer Nationalhymne. Außerdem feiern die Schweizer ihren Nationalfeiertag, indem sie vielerorts ein Lagerfeuer entzünden, und oft wird eine Fahnenwurf-Performance aufgeführt. Die fahnenwerfenden Darsteller zeigen dem Publikum ihre Virtuosität, in Begleitung von Alphornbläsern.

Die erste Schweizer Nationalhymne, „Rufst du, mein Vaterland", wurde 1811 vom Schweizer Schriftsteller Johann Rudolf Wyss geschrieben. Ein neuer Text, der heute „Schweizer Psalmen" genannt wird, wurde 1841 vom Zürcher Dichter Leonhard Widmer geschrieben, und die Melodie stammt von einem Mönch und Komponisten aus Uri, Alberik Zwissig. 1961 beschloss der Bundesrat, die „Schweizer Psalmen" vorübergehend als Nationalhymne zu verwenden, um bei militärischen und diplomatischen Anlässen gespielt zu werden. Ab 1981 wurden sie offiziell zur Schweizer Nationalhymne.

Auch über die Schweizer Flagge habe ich einiges herausgefunden: Das weiße Kreuz auf der Schweizer Flagge stammt aus dem Jahr 1339, als der Kanton Bern und seine Verbündeten in der Schlacht bei Laupen ge-

gen Truppen Westschweizer Adeliger kämpften. Um auf dem Schlachtfeld Freund und Feind unterscheiden zu können, haben sich die Soldaten des Kantons Bern ein weißes Kreuz auf die Rüstung genäht. Später erschien das weiße Kreuz auf den Armen und Fahnen aller Schweizer Soldaten. Von 1798 bis 1803, während der Zeit der Helvetischen Republik, verwendete die Schweiz, in Anlehnung an Frankreich, eine in den Farben Grün, Rot und Gelb waagerecht gestreifte Fahne, die erste offizielle Schweizer Fahne überhaupt. Die jetzige Flagge wurde dann im Jahr 1815 eingeführt. Die Schweiz ist eines von nur zwei Ländern, deren Flagge quadratisch ist. Die einzige Ausnahme ist bei den olympischen Spielen: Dort müssen alle Fahnen gleich groß und rechteckig sein.

Im November 2014 erregte die Schweiz, die stets zurückhaltend und ruhig war, mit einem Referendum weltweite Aufmerksamkeit. Es wurde darüber abgestimmt, ob Schweizerinnen und Schweizer einen gesetzlichen Mindestlohn von 4000 Franken, etwa 28 000 Yuan, pro Monat genießen können. Mit anderen Worten: Schweizerinnen und Schweizer, die keinen Tag Arbeit brauchen, erhalten monatlich 28000 Yuan an Löhnen vom Staat. Was für ein Geschenk vom Himmel mit kostenlosen drei Mahlzeiten, kein Wunder, dass die Welt gespannt zuschaute. Doch zur Überraschung aller lehnten die Schweizerinnen und Schweizer den freien Kuchen ab. Tatsächlich ist ein solches Referendum für die Schweiz nicht ungewöhnlich. Es werden jährlich drei bis vier Referenden durchgeführt, mit einer breiten Palette von Themen, von der Rechtsdiplomatie über wirtschaftliche und soziale Fragen bis hin sogar zu Tierrechten. Ein Referendum zur Abschaffung des Militärs wurde 2013 zum dritten Mal in der Schweiz abgelehnt, die seit Jahrhunderten nicht mehr gekämpft hat, und es wurde entschieden, das traditionelle System beizubehalten, in dem alle männlichen Bürger den Militärdienst leisten müssen. Durch den hohen wissenschaftlichen und rationalen Geist der Menschen haben hier Wohlfahrtsversprechen, die Politiker in anderen Ländern zur Abstimmung verwenden, überhaupt keinen Markt. Die kindliche Selbsttäuschung und populistische Verdunkelung, die die Welt erobert haben, sind blockiert. Die Schweiz mit nur acht Millionen Einwohnern hat seit 1901 24 der höchsten Auszeichnungen der internationalen Wissensgemeinschaft gewonnen. Wenn man den Anteil der Bevölkerung proportional zu China nehmen würde mit seinen 1,4 Milliarden intelligenten Menschen und einer 5000 Jahre langen Zivilisation, wären dies 4200 Nobelpreise.

Wieder zusammen arbeiten

Doch wir reisen nicht nur, wenn ich Patientinnen habe, hilft sie mir bei den Behandlungen. Vor ihrem Kommen habe ich sämtliche Bekannte, Verwandte und Nachbarn darüber informiert, dass diese erfahrene Ärztin bei mir zu Besuch sein wird. Einige habe ich für eine Behandlung überzeugen können, dazu kommen die paar, die ich zuvor schon als Klienten hatte. Es war mit Guo abgemacht, dass ich sämtliche Kosten übernehme, auch den Flug (dieses Geld habe ich ihr gleich bei ihrer Ankunft gegeben, damit sie Taschengeld hat), und sie mir dafür zwischendurch in der Praxis hilft. Viele Patientinnen habe ich noch nicht, und mein Selbstbewusstsein als Therapeutin ist noch nicht so groß, da bin ich sehr froh um die Unterstützung und kann noch viel lernen von ihr. Zum Beispiel hätte ich mich nie getraut, jemanden mehr als einmal pro Woche kommen zu lassen, weil ja alle Menschen immer sehr beschäftigt sind. Guo streckt wie selbstverständlich auf die Frage, wie oft jemand pro Woche kommen soll, einen, zwei oder drei Finger in die Höhe, und die Patientinnen folgen respektvoll ihren Anweisungen. Da ich schon bald gemerkt habe, dass vor allem ältere Leute mehr Vertrauen fassen, wenn man einen weißen Kittel anzieht, habe ich schon vor einiger Zeit damit begonnen und nun auch einen für Guo besorgt. Außerdem finde ich es praktisch, so hat man Taschen und gewisse Dinge wie Watte zum Abtupfen, Feuer oder auch Ohrsamen gleich griffbereit.

Einer unserer ersten Patienten ist der Mann, den wir am See getroffen haben. Er leidet unter Taubheitsgefühl und Kribbeln des Mittel- und Ringfingers und an Schlafstörungen. Auch schwitzt er oft. Auf mich wirkt er gestresst. Guos Behandlung zielt darauf ab, Leber-Qi zu bewegen und Nieren-Yin aufzubauen. Das hätte ich auch so gemacht. Während der Zeit, in der Guo hier ist, kommt er mehr als einmal wöchentlich. Er hat offensichtlich Gefallen an ihr gefunden. Doch seine Finger bessern sich nicht wirklich, sein Schlaf ist manchmal etwas besser, dann wieder schlecht. Das bestätigt wieder einmal: Niemand kann allen helfen. Kurz bevor Guo wieder abreist, möchte er sie ins Opernhaus einladen zu einer Oper von Wagner. Sie kommt ganz aufgeregt zu mir und fragt, wie sie mit dieser Einladung umgehen soll. Ich rate ihr, anzunehmen, gibt es ihr doch eine zusätzliche Erfahrung. Bevor sie aber definitiv zusagt, telefoniert sie mit ihrem Mann in Kunming. Der scheint nicht ganz einverstanden zu sein, denn sie spricht ziemlich laut und aufgeregt auf ihn ein, fast bellt sie ihn ein bisschen an. Obwohl sie in China ein freies Leben führt, ihr Mann ihr in nichts dreinredet und er den größten Teil der Hausarbeit übernimmt, ist es wohl nicht üblich, dass eine Ehefrau mit einem anderen Mann ausgeht. Doch schlussendlich sagt sie zu. Am Tag der Oper ist sie total überdreht, fragt, was sie anziehen soll und wählt dann ihr chinesisches Kleid. Ich finde, das passt immer, zu ihr und zu jedem Anlass. Wer schon mal eine chinesische Oper gehört hat, weiß, es ist nur ein Geschrei. Als sie in der Nacht nach Hause kommt, schlafe ich schon. Am nächsten Morgen erzählt sie mir: Es war eine interessante Erfahrung, aber von dieser Musik ist sie nicht besonders angetan, ihr kommt dies ebenfalls wie ein Geschrei vor. Nach der Oper hat er sie noch zum Tanzen ausführen wollen und hat auf eine gewisse Annäherung gehofft, doch in dieser Hinsicht ist Guo eine eiserne Lady und alle seine Überzeugungskünste nützten nichts; so hat er sie schlussendlich nach Hause gebracht.

Eine Nachbarin, die ein Jahr zuvor einen Herzinfarkt erlitten hatte, kommt ebenfalls zu uns in die Behandlung. Sie fühlt sich sehr müde, schläft schlecht und hat wenig Energie. Ich wundere mich über die Punkte, die Guo wählt. Sie erklärt mir, bei der ersten Behandlung solle man zuerst ausleiten (sedieren) und nur wenig stärken (tonisieren), ab der zweiten Behandlung wird tonisiert. Der Nachbarin geht es jedenfalls bereits ab der dritten Behandlung viel besser, die Atmung ist tiefer und der Schlaf ist auch besser. Ich frage Guo, wie sie es macht, wenn jemand mit verschiedenen Problemen kommt, ob sie dann erst eines und beim nächsten Mal das andere behandelt. „In China behandeln wir alles zusammen.“ So halte ich es fortan auch. Dennoch muss man aufpassen: Man kann nicht unbeschränkt Nadeln setzen, denn jede Nadel kostet den Körper Energie. So versuche ich, die Nadeln auf höchstens 20 zu beschränken, bei alten Leuten eher noch weniger. Junge Leute vertragen auch mal mehr, ohne gleich erschöpft zu sein, aber am besten ist es, solche Punkte zu wählen, die gleichzeitig gegen mehrere der Beschwerden der Patientin wirken. Jeder Punkt hat ja nicht nur eine Wirkung, so kann man zum Beispiel, wenn jemand Allergien hat und auch Rückenschmerzen, sehr gut für beides Blase 40, in der Mitte der Kniekehle, wählen; oder jemand hat Bronchitis und gleichzeitig einen Hautjuckreiz, dann wählt man den Punkt Blase 13, eventuell zusammen mit Dickdarm 11, vor allem, wenn die Person auch noch einen Tennisarm hat. Das Wichtigste ist immer, sich die Person anzusehen und die effizientesten Punkte zu wählen.

Wenn wir keine Behandlung haben und nicht verreisen, machen wir lange Spaziergänge in der Umgebung. Bei Sonnenschein setzen wir uns auf eine Bank, sie fragt mich: „Kennst Du ‚wu xing'?“ So viel Chinesisch kenne ich, dass wu fünf bedeutet, woraus ich schließe, dass sie die fünf Wandlungsphasen meint. Dies ist ein interessantes Kapitel, das wir natürlich während der Ausbildung ausführlich studiert haben. Es handelt davon, wie ein Meridian den nächsten beeinflusst, darüber weiß jede Akupunkteurin Bescheid. Ich bin überzeugt, dass dieses ganze große Wissen, welches in China über Tausende von Jahren zunächst innerhalb von Familien weitergegeben und jetzt auch an den Universitäten gelehrt wird, nun auch für uns zugänglich ist.

Ein 85-jähriger Mann ist schon seit ein paar Monaten bei mir in Behandlung. Er wurde von seinem Arzt an mich überwiesen. Er hat sehr viele verschiedene Beschwerden. Das ist ganz wichtig für die Behandlung: Meist kommt jemand zur Akupunktur wegen einer Beschwerde. Für Therapeutinnen ist es wohl klar, aber trotzdem möchte ich hier nochmals erwähnen: Fragt nach, hört nicht auf, nachzufragen, bis ihr alles wisst. Ich sage oft zu meinen Patientinnen: „Sie müssen mir alles sagen.“ Oft sind sie dann erstaunt, dass nicht nur ihre Migräne, weswegen sie gekommen sind, behandelt wird, sondern gleichzeitig zum Beispiel ihre Knieschmerzen und ihre Schlafstörungen. Dazu setze ich mich aber nicht mit ihnen eine halbe Stunde hin, nicht einmal zur Erstanamnese, sondern ich stelle auch während der Behandlung Fragen und bin an ihrer Seite, wenn sie mir etwas erzählen wollen. Jede Therapeutin weiß natürlich, was für Fragen zwingend gestellt werden müssen, doch ganz wichtig ist es dabei, den Menschen anzuschauen. Zum Beispiel drängt sich bei Frauen um die 50 natürlich die Frage nach den Wechseljahresbeschwerden auf, auch wenn sie nicht deswegen gekommen sind. Und scheut euch auch nicht, nachzufragen, wenn ihr zum Beispiel Narben oder sonstige Auffälligkeiten seht. Denkt daran: Die meisten Menschen sprechen gern über sich, haben gern Aufmerksamkeit und das Gefühl, das sich jemand kümmert. Der 85-jährige Mann kommt auch nach Guos Abreise noch über längere Zeit zu mir. Vor allem ist er sehr kalt, hat nicht mehr viel Lebensenergie, und ich stelle ihm die Moxakiste auf Du4/Bl23. Für die Moxakiste nehme ich selbstverständlich frisches Beifußkraut. Die Behandlung tut ihm gut, aber irgendwann ist seine Energie dann doch am Ende.

Guo findet, ich müsse nach der Akupunkturbehandlung ein bisschen massieren, sie macht das bei meinen Patientinnen und natürlich kommt das gut an. Ich weigere mich zunächst, doch bei diesem 85-jährigen Mann winkt sie mich, während er auf dem Bauch liegt und sie am Massieren ist, zu sich und bedeutet mir, es ihr gleichzutun. So massieren wir zuerst beide, dann zieht sie sich zurück und schaut mir zu, mit ihrem prägnanten Nicken, Lächeln und Daumen nach oben. Danach massieren wir uns auch oft gegenseitig. Und wir behandeln uns gegenseitig mit Akupunktur und Schröpfen. Einmal erzählt sie mir, während sie mich behandelt, dass sie in der Schule zehn Jahre Englisch gehabt hatte. Ich finde: „Das ist aber schade, zehn Jahre lernen und doch nichts können." Dabei denke ich vor allem an das Schulsystem und dass damit etwas nicht stimmen kann, sie aber nimmt es persönlich und schlägt mich lachend auf den Arm. Später erzählt sie mir, dass Eltern in China ihre Kinder nicht ohrfeigen oder ihnen den Hintern versohlen, aber sie auf den Arm schlagen. Jedenfalls, von da an beginne ich, allen meinen Patientinnen nach der Akupunktur eine Massage zu geben. Das wird sehr geschätzt und inzwischen habe ich schon Tausende Massagen gemacht, nur eine einzige Patientin meinte, sie hasse Massagen. Das ist schwer vorstellbar, aber natürlich zu respektieren. Jedenfalls bin ich Guo dankbar, dass sie mir das Massieren beigebracht hat. In Kunming hatte ich Guo oft zugeschaut, wie sie Ischiasbeschwerden mit zehn Zentimeter langen Nadeln behandelte. Solche hatte ich gleich nach meiner Rückkehr bestellt. Damals gab es sie nur mit Führungsröhrchen. Als eine langjährige Freundin zur Behandlung wegen Ischiasschmerzen kommt, bitte ich sie, sich auf den Bauch zu legen und setze die langen Nadeln auf den Punkt Gallenblase 30 und natürlich noch überall dort, wo Schmerzen sind. Ich halte also das Führungsröhrchen auf den Punkt, schlage dann leicht mit dem Finger hinten drauf, wo der Schaft der Nadel ein wenig rausschaut, nehme das Röhrchen weg und führe die Nadel ein. Guo sitzt auf dem Sofa, schaut zu und lächelt. Führungsröhrchen hat sie wohl noch nie gesehen, braucht sie natürlich auch nicht. Zwischenzeitlich waren diese langen Nadeln in der Schweiz fast nicht mehr erhältlich. Einmal wollte ich welche kaufen und habe im Nachhinein festgestellt, dass sie 0,3 mm dick waren. Ich habe sie dann meiner Tierärztin, die auch mit Akupunktur behandelt, gebracht, für Pferde. Inzwischen gibt es sie wieder bei Akumax, sie heißen Altra und sind sogar ohne Führungsröhrchen erhältlich.

Die Freundin liegt unterdessen mit Nadeln im Po auf dem Bauch und ich setze mich zu Guo aufs Sofa. Sie nimmt meine Hand, so sitzen wir eine Weile, bis die behandelte Freundin sich wundert, warum es so still ist und den Kopf hebt. Sofort lässt Guo meine Hand los. Ich weiß jetzt, dass es in China üblich ist, dass Frauen sich an den Händen nehmen, und Guo weiß jetzt, dass es hier etwas anderes bedeuten kann.

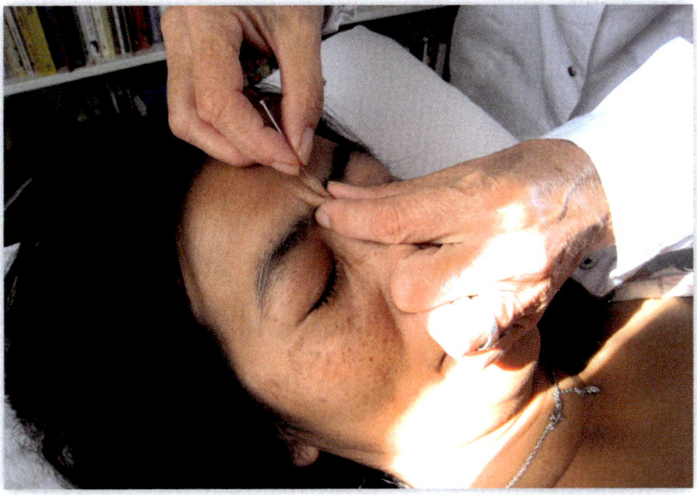

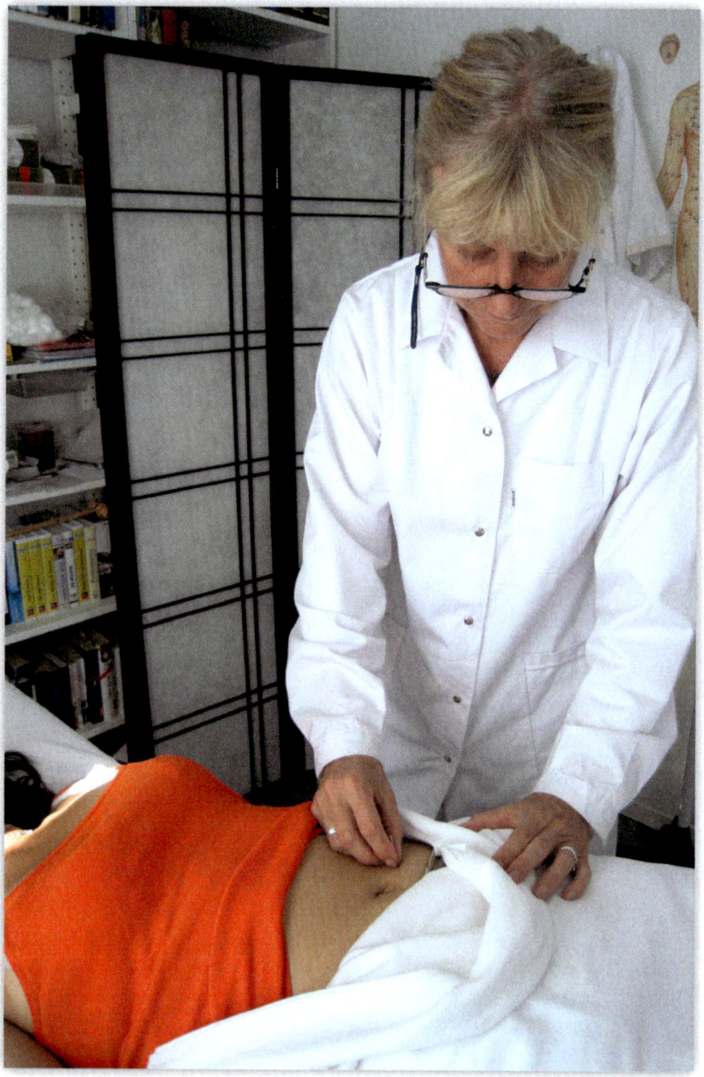

Hoffnung

Ich habe aber die Hoffnung nicht aufgegeben, dass Guo doch noch offiziell in die Schweiz kommen und hier arbeiten kann. Wir besuchen zusammen die Schule, in der ich meine Ausbildung gemacht habe, um nachzufragen für eine Stelle als Dozentin oder als Praktikumsleiterin zum Beispiel. Auch bei einer schweizweit vertretenen Kette von TCM-Praxen frage ich nach und wir können vorbeikommen für ein Vorstellungsgespräch. Am Schluss nimmt die Leiterin Guos E-Mail-Adresse und sagt, sie werde sich melden, wenn sie jemanden brauchen. Das ist mir zu vage und ich telefoniere noch mit dem Chef einer anderen großen Kette, der schon am längsten in der Schweiz existierenden. Dieser Mann war der Erste, der damit angefangen hat, chinesische Ärztinnen in die Schweiz zu holen. Als ich ihm am Telefon die Situation schildere, sagt er gleich ab: „Vom Kunminger Spital nehme ich niemanden mehr. Es waren schon einige Ärztinnen da von dort, aber es hat Probleme gegeben mit dem Manager.“ „Aber Sie haben diese noch nicht gesehen, sie ist die Beste dort und sie ist gerade hier und somit müssten Sie nicht mal nach China reisen.“ Anscheinend kann ich ihn trotz seiner anfänglichen Ablehnung überzeugen und wir vereinbaren ein Treffen. Natürlich ist er angetan von Guo, und trotz seiner Vorbehalte gegenüber dem Management im Spital Kunming werden sie sich einig. Er spricht Chinesisch und fragt sie, wo in der Schweiz sie gern arbeiten möchte. Sie zuckt die Schultern, es ist ihr egal wo. Ich bin entsetzt, stelle mir schon vor, es würde sie zum Beispiel nach Chur verschlagen und verstehe ihre Haltung nicht. Ich wünsche mir sie natürlich in Zürich und sage das dem Chef. Guo lächelt mich entschuldigend an.

Wir besuchen auch mehrere Schweizer TCM-Kliniken und treffen ihre Chefs. Ich kehre am 30. September aus der Schweiz nach Kunming zurück. Anfang Januar kontaktiert mich der Chef des Schweizer TCM-Behandlungszentrums Lianfu und erklärt mir die Bedingungen, um in der

Schweiz zu arbeiten, und was alles für Unterlagen verlangt werden. Im März 2009 kam ich ins Luzerner Chinese Medicine Treatment Center in der Schweiz und unterschrieb einen Zweijahresvertrag.

Da ist sie wieder!

Und wieder stehe ich am Flughafen in Zürich Kloten und warte auf Guo. Erst ein halbes Jahr ist vergangen, seit sie abgeflogen ist. Ich bin freudig aufgeregt, da kommt sie schon und wir können uns wieder begeistert in die Arme nehmen. „Das war schnell", sagt sie lachend. Sie hat die Stelle in der TCM-Praxis erhalten und wurde nach Luzern eingeteilt. Da bin auch ich zufrieden und ihrem zukünftigen Chef dankbar; Luzern ist immerhin innerhalb einer akzeptablen Frist von Zürich aus erreichbar und auch die Zugverbindung ist sehr gut. Ihr zukünftiger Chef ist auch in der Ankunftshalle, und wir gehen alle zusammen einen Kaffee trinken, um uns noch etwas unterhalten zu können, bevor er sie nach Luzern bringt. Sie hat einen Vertrag für zwei Jahre und ist glücklich, obwohl sie schon jetzt ihre Familie vermisst, vor allem ihren Sohn, der jetzt 16 Jahre alt ist. Dann nehmen sie und ihr Chef den Zug und wir verabschieden uns. „Nun bist du da, jetzt brauchst du mich nicht mehr." Sie ist empört: „Was denkst du denn? Wir werden immer Freundinnen sein!" So fahre ich, froh darüber, wieder nach Hause und lasse sie erst mal ankommen. Sie beginnt gleich mit der Arbeit. Später am Telefon erzählt sie mir, dass sie ca. 20 Personen behandelt pro Tag. Ich bin entsetzt, ich weiß zwar, dass sie angemessen verdient, dennoch erscheint mir dies als Ausbeutung. Und ich frage mich, wie man sich bei 20 Behandlungen pro Tag noch um die einzelne Patientin kümmern kann. Doch Guo ist zufrieden, sie mag es, viele Leute in kurzer Zeit zu behandeln und sie ist auch so gewohnt von ihrer Arbeit im Spital. Dort behandelt sie schon am Vormittag oft bis zu 30 Personen. Und es gibt immer noch viele Menschen in der Schweiz, die fühlen sich geehrt, von einer Chinesin behandelt zu werden, auch wenn sie nicht viel Zeit für sie hat. Einerseits strahlt dieses Fremdartige eine gewisse Faszination aus und andererseits gibt es immer noch viele, die denken, dass Akupunktur nur von Chinesinnen ausgeführt werden kann, da die Methode selbst aus China kommt. Doch sie ist längst bei uns angekommen und viele Schulen in der Schweiz bieten eine gute Ausbildung an. Die Anforderungen sind sehr streng und man muss wirklich viel lernen, nicht nur, was die Akupunktur selber betrifft, sondern auch in der Anatomie alle Muskeln und Knochen und angefangen hat es beim Zellaufbau, sogar beim Aufbau der Zellwand. Dann Pathologie, Hygiene, Erste Hilfe und so weiter. Ich hätte damals so gerne meine Zeit und Energie in das Lernen der Chinesischen Medizin investiert, dieses System der Meridiane interessierte mich brennend (und tut es noch) und hatte einen großen inneren Widerstand beim Lernen der westlichen Medizin. Ich hatte den Sinn, zu wissen, wie zum Beispiel eine Zellwand aufgebaut ist, nicht wirklich verstanden. Und die meisten lateinischen Namen all der Muskeln vergisst man nach den Prüfungen sowieso meist wieder. Aber so ist es wohl bei vielen Ausbildungen. Doch inzwischen bin ich sehr froh, dass ich über Krankheiten und deren Symptome Bescheid weiß, auch deren lateinischen Namen kenne, denn die Patientinnen, die in die Praxis kommen, kennen natürlich ihre eigenen Beschwerden gut und man würde alt aussehen, wenn man dann nicht wüsste, wovon sie sprechen. Allerdings ist es mir auch schon passiert, dass ich eine Krankheit nicht kannte, vor allem seltene Krankheiten. In so einem Fall darf man das ohne Scheu zugeben und nachfragen.

Ich verließ meine Familie und ging in die Schweiz, um dort für zwei Jahre zu arbeiten. Aufregung, Nervosität, Angst? Nein, es gilt nur, vorwärts zu gehen und viele Jahre der Träume zu verwirklichen. Vorwärts in ein seltsames und schönes Land, hinter mir lasse ich viele Menschen zurück, die mich unterstützen, vor allem meinen furchtlosen Sohn. Der Flug ging von Kunming über Peking, von dort erreichte ich Zürich nach einem 14-stündigen Langstreckenflug. Am Zoll war ich etwas nervös, weil ich etwas chinesisches Essen eingepackt hatte, doch der Zöllner ließ mich durch und Conny und ich sahen uns schon von Weitem. Nach einer herzlichen Begrüßung sah ich auch meinen Chef, und wir gingen alle zusammen in eine Kaffeebar, um uns zu unterhalten. Dann stieg ich mit meinem Chef in den Hochgeschwindigkeitszug nach Luzern, wo wir nach einer Stunde Fahrt ankamen. Wir gingen in die Praxis, wo ich arbeiten werde, dann zusammen mit einem Übersetzer namens Chen zum Mittagessen. Der Chef gab mir einen kleinen Vorschuss, damit ich mir einige Haushaltswaren kaufen konnte. Chen zeigte mir auch die Wohnung, die der Chef für mich gemietet hatte, dann brachte er mich zur örtlichen Polizeistation, um mich anzumelden, und danach zu einem chinesischen Lebensmittelgeschäft. Nach dem Einkauf ging ich allein zu meiner Wohnung zurück, es war 17.00 Uhr. Es war mir gesagt worden, dass die Ärzte alle ihr eigenes Essen mitbringen, so kochte ich mir ein Abendessen und gleich etwas mehr für morgen Mittag.

Am Abend sortierte ich meine Kleider, Vorräte und so weiter aus. In dieser Wohnung mit 20 Quadratmeter gibt es eine kleine Küchenzeile, einen Esstisch, einen Kühlschrank, ein Einzelbett und einen Balkon, alles nun eingehüllt vom chinesischen Geschmack der Küche – ins Traumland.

Erste Arbeitswoche in der Schweiz

Obwohl ich in Kunming schon oft auch Ausländer behandelt hatte, war ich an meinem ersten Arbeitstag in der Schweiz nun doch aufgeregt, nervös und besorgt. Schließlich war es das erste Mal in meinem Leben, dass ich im Ausland arbeitete, das erste Mal, dass ich mich allein mit ausländischen Patienten auseinandersetzen musste. Der erste Patient war männlich, 42 Jahre alt, sanft und ein Gentleman. Er sagte, er glaube an die Chinesische Medizin. Er kam wegen Unfruchtbarkeit in die Behandlung, zuvor war er von Doktor Liu bereits fünfmal behandelt worden. Ich diagnostizierte einen Leber- und Nieren-Yin-Mangel und behandelte ihn mit Niere 3 (Taixi), Milz 9 (Yinlingquan) und Ren mai 4 (Guanyuan), ca. eine Handbreit unter dem Bauchnabel (je nach Größe des Bauches), um die Ursprungsenergie, Yin und Blut zu stärken. Dieser Punkt reguliert auch die Funktion der Reproduktionsorgane und hilft außerdem sehr gut bei Erschöpfungszuständen.

Die Schweizer Praxen haben ein Terminsystem, die Patientinnen kommen etwas vor der abgemachten Zeit und erwarten, pünktlich behandelt zu werden. Sie sind freundlich und ruhig und sprechen meist gut auf die Behandlung an. Als Dankeschön bringen sie oft kleine Geschenke.

Um vier Uhr konnte ich bereits nach Hause gehen. Ich rief meine Familie an, um zu sagen, dass alles in Ordnung sei. Am nächsten Tag kam eine andere Übersetzerin mit Namen Cui, sie ist jung, fröhlich, mit einem sonnigen Gemüt. Während der Arbeitspause erzählte sie mir viel, was ich bei der Arbeit tun und worauf ich achten sollte. Zum Beispiel, dass man auf den Patienten zugehen soll, ihn begrüßen, einfühlsam sein und ihn auch wieder verabschieden. Diese Etikette unterscheidet sich von der in China. Cui brachte mir in der Mittagspause auch einfaches Deutsch bei, damit ich einen Weg finden könnte, mit den Patienten zu kommunizieren. Ich glaube, dass meine zukünftige Arbeit in der Schweiz sich positiv entwickeln wird.

Am nächsten Tag erklärte mir mein Chef, dass eine Patientenbehandlung zwischen 45 Minuten und einer Stunde dauern soll, dass die Patienten in der Regel Angst haben vor dem Einstich und man deshalb sanft vorgehen muss, also auch nicht zu sehr an der Nadel drehen, um das Nadelgefühl hervorzurufen und, sollte eine Nadel schmerzen, diese wieder zu entfernen. Ich empfinde Schweizer Patienten als freundlicher, den Konsultationsprozess als ruhiger und die Patienten sind sehr glücklich, wenn sich nach der Behandlung ihr Zustand verbessert hat. Ich arbeite mit einem Kollegen aus der Provinz Shandong zusammen. Er ist ein großer, fröhlicher Mann, der mir ebenfalls viel über das Leben in der Schweiz erzählt. Zum Beispiel, dass die Schweiz ein selbstdisziplinierteres Land ist, in dem es in den Bussen keine Ticketverkäufer gibt und jeder Bürger seine eigenen Tickets kauft. Dass Mitarbeiter gelegentlich die Fahrgäste überprüfen, und wenn sie jemanden ohne Ticket erwischen, muss diese Person eine hohe Buße bezahlen, wird auf eine schwarze Liste gesetzt und ihre Glaubwürdigkeit wird leiden.

Heute wachte ich früh auf und als ich aus dem Fenster schaute, kam es mir vor wie leer … Oh, es schneite! Der Himmel fiel auf die Erde wie Gänsedaunen. Nach dem Frühstück ging ich nach draußen, um auf den Schnee zu treten, das erste Mal, voller Neugier. Während der Arbeit schaute ich immer wieder nach draußen, tauschte mich mit der Übersetzerin aus, mein Herz fühlte sich sehr glücklich, aber auch ein bisschen seltsam an. Über Mittag nahm ich meine Kamera und ging hinaus, um Fotos von dem schönen Schnee zu machen. Ich ging in die Innenstadt. Es waren so viele Leute auf dem Basar, der Schnee war hier geschmolzen, es war wirklich viel los auf dem Platz.

Die Zeit verging wie im Flug, schon war die erste Arbeitswoche vorbei. Ich ging in der Migros, einem Genossenschaftssupermarkt mit vielen Dingen und günstigen Preisen, einkaufen. Auch viele Schweizer kaufen hier ein. Als ich das erste Mal in die Schweiz kam, hatte ich mit meiner Freundin Conny ebenfalls in der Migros eingekauft, also war es mir nicht fremd. Ich kaufte Fleisch und Gemüse und stellte mich in die Schlange, um zu bezahlen. Ich hatte keine Ahnung, wie viele Franken das kostet, und obwohl ich nicht mit den Verkäuferinnen kommunizieren konnte, waren sie sehr geduldig und freundlich, um mir zu helfen. Sehr glücklich ging ich nach Hause, um das Abendessen vorzubereiten.

An meinem ersten Wochenende in der Schweiz war das Wetter bewölkt. Am Samstag erwachte ich früh und ging nach draußen, um mich umzusehen. Im Personalwohnheim eines Spitals, in dem sich meine Wohnung befindet, war mir noch nie jemand begegnet, und auch drau-

ßen traf ich niemanden an. Die Luft war relativ kühl, ich kam an ein paar Häusern vorbei und an einer grünen Wiese mit etwas Wald. Auch am Sonntag war es bewölkt, ich schlief lange, las in einem Buch, hörte Musik und rief dann meine Eltern und meinen Mann an, um ihnen von meiner Arbeit, meinem Leben und diesem Frieden hier zu erzählen. Am Nachmittag kam dann die Sonne hervor und ich ging an den Vierwaldstättersee, der nur etwa 1 km von meiner Wohnung entfernt ist und wo viele Familien an dem See entlangspazieren, Kinder auf dem Rasen spielen und die Wärme und das Glück des Frühlings genießen. Auch ich gönnte mir dieses Glück.

Heimweh

Am Montag meiner zweiten Woche in der Schweiz erwachte ich früh, machte mich um 7 Uhr morgens auf den Weg zu der Wiese in der Nähe meiner Wohnung und begann den Tag mit Tai Chi, bevor ich in die Praxis ging. Es lag etwas Schnee und es war kalt, es begegnete mir nur ein alter Mann mit seinem Hund. Der erste Patient, den ich an diesem Tag behandelte, brachte danach Gipfeli vorbei, um sich für die gute Behandlung zu bedanken. Obwohl das Geschenk klein war, war es eine Bestätigung der Wirksamkeit der Behandlung und machte mich glücklich. Die Arbeit war insgesamt weniger streng als zu Hause, ich behandelte durchschnittlich etwa 15 Patienten pro Tag. Die Hauptsymptome waren Kopfschmerzen, Schlaflosigkeit, Reizdarmsyndrom, Heuschnupfen, Depression, Burnout, einige Hautallergien und Psoriasis. Die Arbeit hier ist praktischer, das ganze Leben ist praktischer, Lebensmittel sind oft halbfertig oder Fertigprodukte und es gibt elektrische Geräte zum Kochen. Es gibt mehr Ruhezeit, mehr Freizeit und der Mensch kann seinen Geist öffnen.

Es war ärgerlich, ich war erst so kurze Zeit hier und schon war der Abfluss in der Küche verstopft. Ich sagte es dem Chef, er meinte, das wäre eine kleine Sache und ich sollte selber schauen, wie ich das löse. In einem öffentlichen Raum des Personalhauses entdeckte ich einen Staubsauger, und nachdem ich die Wohnung gesaugt hatte, kam mir die gute Idee und ich benutzte den Staubsauger, um den Abfluss zu reinigen, erfolgreich.

Nach der Arbeit lernte ich, im Internet zu surfen und zu chatten, doch es blieb in der Regel oberflächlich und bald war ich daran nicht mehr interessiert. Heute war ich seit zehn Tagen in der Schweiz, meine zwei Jahre Arbeit sind 104 Wochen, es ist noch eine lange Zeit. Das sind 730 Tage. Oh, ich habe Heimweh!

Nun ist sie also da und führt ihr eigenes Leben in Luzern. An den Wochenenden kommt sie ab und zu zu Besuch oder ich gehe sie besuchen. Sie wollte so gerne in die Schweiz kommen und hier arbeiten, wir haben es allen Widerständen zum Trotz erreicht. Und doch scheint sie mir manchmal ferner, als wenn sie in China wäre. Sie wird immer trauriger, heimwehkrank, depressiv. Ich wünschte, ich könnte ihr Trost geben, doch bin ich machtlos. Ich bin nicht ihre Familie, ihre Heimat. Alles ist hier ganz anders als in China, ich weiß es, ich habe dasselbe empfunden, als ich zum ersten Mal dort war. Andere Menschen, andere Sitten, anderes Essen, andere Farben, andere Luft. Sie zählt bereits die Tage, bis sie wieder nach Hause kann. Und ich habe ein schlechtes Gewissen, einerseits dass ich nicht öfter für sie da sein kann und andererseits, dass ich irgendwie am jetzigen Zustand mitbeteiligt bin. Natürlich kann sie im schlimmsten Fall auch kündigen und heimreisen. Doch im Moment ist dies keine Option für sie.

Bei meinem nächsten Besuch in ihrer Wohnung in Luzern ist sie nervös. Sie hat versucht, nach Hause zu telefonieren, aber keine der gewählten Nummern hat funktioniert. Irgendwas stimmt nicht mit ihrem Telefon. Wenn sie sich ärgert, scheint es, als ziehe sich ihr Gesicht zu einem einzigen Punkt zusammen. Aber selbst dann ist sie hübsch. Überhaupt hat ihr Gesicht unglaublich viele Facetten, und ich schaue immer wieder fasziniert. Nun kocht sie, zwar nicht mit derselben Liebe und Freude wie sonst, aber es ist o.k. Nach dem Essen gelingt es ihr, via Skype eine Verbindung zu ihrer Schwägerin herzustellen. Ich räume die Küche auf. Zuerst wollte sie mich nicht lassen, auch da ist sie stur. Doch ich bestimme: „Du telefonierst, ich räume auf." Das freut sie dann schlussendlich doch und sie findet ihr Lächeln wieder. Bei meinem letzten Besuch habe ich ihr Stahlwatte und Putzmittel mitgebracht, doch sie hat den Wink nicht verstanden oder war eher einfach nicht motiviert, und so putze ich gleich noch den Herd, sämtliche Ablageflächen und die Seitenwände um den Herd herum. Ich bin keineswegs pingelig, doch hier wird es selbst mir ein wenig zu viel. Da habe ich sie seit Langem wieder einmal richtig fröhlich gesehen: „Ich bin nachlässig, faul." Dass ich dies kommentarlos so im Raum stehen lasse, bringt sie nun erst recht zum Lachen und lachend macht sie eine abwehrende Geste, als würde sie geschlagen. Später spazieren wir zusammen am See entlang. Um ihr etwas die Schwere zu nehmen, sage ich „Jogging" und wir rennen los. Außerdem habe ich ihr ein Notizbuch gebracht mit dem Hintergedanken, dass das Aufschreiben ihrer Gedanken, Gefühle und Erlebnisse sie unterstützen kann, hier zurechtzukommen. Sie ist noch nicht mal enthusiastisch, zusammen eine Reise zu machen. Sie, die sonst so gerne reist, findet jetzt: „Was soll ich irgendwo hinreisen, ich kann mir ja Bilder von dem Ort anschauen." Auf einer Wiese am See macht sie Tai-Chi, ich schaue ihren ruhigen Bewegungen sehr gerne zu, obwohl sie hier grad keine Zuschauer wünscht und sich etwas entfernt.

Vor einiger Zeit habe ich den Film von Heidi und Opa gesehen, einen sehr warmherzigen Film. Das Buch, ursprünglich für Kinder geschrieben, wurde inzwischen in 70 Sprachen übersetzt. Auch Heidi litt sehr an Heimweh, es ist eine einfache Geschichte, aber einfache Geschichten zeigen oft viele komplexe Probleme auf und es stellen sich Fragen wie: Wer bin ich? Mit wem bin ich? Was für ein Leben will ich leben? In diesen einfachsten Fragen der ursprünglich zum Selbst gehörenden Wahrheit drehen sich viele Menschen im Kreis. In der Betonwüste der Stadt gefangen, denken sie, das ist nicht das Leben, das ich leben will, aber verstehen nicht, wie sie leben wollen. Stimmt es, dass sie es nicht wissen? Ich glaube nicht. Stattdessen werden wir von einem größeren Netz gefangen, das wir selbst gewebt haben. Es hat so lange gedauert, bis ich mich in eine Großstadt gequetscht habe, wie kann ich so leicht gehen? Erscheint das Ausscheiden wie ein Misserfolg? Aus den ursprünglich einfachen Fragen kristallisieren sich immer mehr Fragen heraus. Wir werden erfolgreich sein. Um besser auszusehen als andere. Um mit anderen Schritt zu halten. Um die Erwartungen der Eltern zu erfüllen. So werden die einfachen Fragen ‚Wer bin ich, was für ein Leben möchte ich leben?' unendlich komplex. In der Praxis gibt es viele Menschen, die sich selbst suchen. Diese ‚Erwachsenen' denken über erdgewordene Fragen nach, und Heidi beantwortet sie auf einfachste und authentischste Weise. Was ist eigentlich so kompliziert? Was für ein Leben du leben willst, ist nichts anderes als die Integration eines schönen Lebens: ‚Wo bevorzugen Sie die Luft? Mit wem lachen Sie? Wie verbringen Sie den Tag, wenn jede Ihrer Poren voller Freude ist?' Über all diese Fragen dachte Heidi nicht nach, sie folgte einfach ihren Gefühlen. Wir sollten von den Kindern lernen, Ablenkungen wegzuwerfen und die konsequenteste Wahl zu treffen.

Manchmal treffe ich mich an freien Tagen mit anderen Chinesinnen, die ebenfalls hier in der Schweiz für zwei Jahre arbeiten, und wir fahren zusammen in die Berge, um wilden Lauch zu pflücken, um gemeinsam das Heimweh zu vergessen und der Natur nahe zu sein. Oft kochen wir danach noch zusammen. Jedes Mal, wenn ich wilden Lauch pflücke, bin ich glücklich.

Heute ist Freitag, ich habe 17 Patienten behandelt, die Zeit ist wie im Flug vergangen, ich habe nicht das Gefühl, eine Spur hinterlassen zu haben. Essen, schlafen, arbeiten … vielleicht gibt es keine geistige Zugehörigkeit. Glücklicherweise habe ich morgen eine Verabredung mit Conny, wir fahren in ein Skigebiet in der Nähe von Luzern.

Skifahren

Es war Frühling, als Guo angekommen ist, und noch immer liegt in der Höhe Schnee. Skifahren ist mir die liebste aller Sportarten, und so denke ich, kann ich ihr es vielleicht beibringen. Das heißt, wir können jetzt schon mal damit anfangen und dann haben wir, jetzt, da sie zwei Jahre bleiben kann, nochmals zwei Winter lang Zeit, also eine gute Chance, dass sie es richtig gut lernen kann. Laura leiht Guo ihre ganze Skiausrüstung aus und ich fahre damit nach Luzern und hole sie in ihrer Wohnung ab. In Stans bringt uns die Gondel auf das Stanserhorn. Unten ist es grün, doch oben soll noch viel Schnee liegen und entsprechend sind auch viele Autos auf dem Parkplatz und Leute, die dabei sind, sich die Skischuhe anzuziehen. Guo staunt nicht schlecht, was man sich da so alles an die Füße schnallt und kann es nicht recht fassen, dass auch sie in so etwas Schweres und Klobiges schlüpfen soll; sie tut es mit einiger Belustigung, und schon der Gang zur Gondel ist ein Abenteuer. Ich schlage vor, zwei Halbtageskarten zu lösen, denn ich denke mir, dass wir sicher ein paarmal einen Übungslift nutzen werden können. Und ich finde, da sie jetzt Schweizer Franken verdient und mehr als ich, kann sie ihr Ticket selber bezahlen. Sie bezahlt, aber mit wenig Begeisterung, immer noch rechnet sie alles in Yuan um und dann scheint es ihr sehr teuer. Und ich habe schon wieder ein etwas schlechtes Gewissen, da es ja meine Idee gewesen war, Skifahren zu gehen. Oben steige ich in die Skier, sie schon mal in einen, als sie in den zweiten steigen will, fährt ihr der erste davon und sie sitzt auf dem Boden. Ich helfe ihr, aufzustehen und den anderen Ski anzuschnallen, doch kaum ist dies geschafft, liegt sie schon wieder im Schnee. Wieder versuche ich, ihr auf die Beine zu helfen, doch die Skier gleiten ihr fortwährend weg und es ist wirklich anstrengend, sie soweit zu bringen, dass sie steht, und selbst dann dauert dieser Zustand nicht sehr lange. Ich ziehe meine Skier wieder aus, um ihr besser helfen zu können. So stark auch die Muskeln ihrer Hände und Arme sind (vom Massieren,

Patientinnen sagen ihr immer wieder, sie habe kräftige Hände), so wenig Muskulatur hat sie in den Beinen und im Bauch. Ich spanne meine Bauchmuskulatur an, sie stupst mich in den Bauch und fragt verdutzt: „Wie machst du das?" Ich versuche, ihr einige Techniken des Aufstehens zu zeigen, versuche, ihr dabei zu helfen und habe bald selber schon Muskelkater. Sie schätzt schließlich das Ganze als hoffnungslos ein, sagt, ich solle fahren gehen, sie gehe spazieren. Also zieht sie die Skier wieder aus, geht sich umschauen und ich begebe mich an den Skilift. Vielleicht hätte ich für sie doch besser Langlaufskier ausleihen sollen.

Ich habe schon oft davon gehört, dass die Schweiz ein ideales Ziel für Skifahrer sei. In Kunming sehe ich sehr selten Schnee, und ich denke, Skifahren muss eine sehr interessante und lustige Sache sein. Wir kaufen für 19,8 Franken ein Ticket für die Gondel, die uns auf über 2000 Meter über Meer bringt. Die Berge sind voller Schnee, alles ist weiß, ohne Ende, und glitzert in der Sonne. Ich trage Skischuhe, die vielleicht 8 bis 9 kg schwer sind. Daran soll ich nun die Skier schnallen. Ich kann meine Füße nicht bewegen, es ist, als ob der ganze Körper sinken würde. Conny hilft mir, einen Ski anzuschnallen, ich versuche, meine Taille gerade zu richten, doch plötzlich rutscht mein ganzer Körper nach vorn und ich falle zu Boden, nicht mehr in der Lage, mich zu bewegen; zwei Beine wie tot, auf den Skiern gefangen. Ich versuche, mich mit den Händen aufzustützen, um aufzustehen, doch die Skier gleiten mir immer wieder davon. Conny kommt mir zu Hilfe und gemeinsam schaffen wir es, mich zum Stehen zu bringen. Sie sagt, ich solle einfach mal stillstehen. Doch die Skier gleiten mir wieder weg, immer wieder, und ich mache mir wirklich langsam Sorgen, mir den Fuß zu brechen. Conny hilft mir beim Aufstehen und zeigt mir, wie ich die Skier stellen soll; sie sollen nicht parallel sein, doch ich schaffe es nicht, stehen zu bleiben. Ich bin verzweifelt und möchte nur noch weinen. Warum ist es so schwierig? Conny sagt mir, dass die meisten Schweizer schon als Kind Skifahren lernen, das ist einfacher. Schließlich ziehe ich die Skier wieder aus, gehe spazieren, lerne erst mal, mit diesen Schuhen zu gehen und fordere Conny auf, fahren zu gehen. Sie fährt mit der Seilbahn auf einen Gipfel und ich sehe sie den Berg herunterfahren, sie fliegt fast wie ein Vogel; ich bin so neidisch. Ich würde so gern so fahren können wie sie, in den blauen Himmel fliegen, fliegen zurück nach Hause. Am nächsten Tag tut mir der ganze Körper weh, es war zu viel, ich schlafe bis Mittag, und nach dem Essen gehe ich bei sonnigem Wetter an den See spazieren. Viele Leute sind dort, und Familien mit kleinen Kindern spielen auf dem Rasen. Ein krasser Gegensatz zu gestern.

Oft lädt Conny mich an Wochenenden und Feiertagen zu sich nach Hause ein, wir machen Ausflüge in die Berge, gehen schwimmen, behandeln oder massieren uns gegenseitig und tauschen uns über die Arbeits- und Lebensgewohnheiten der verschiedenen Länder aus. Ich bin sehr gern in ihrem Haus, wir entdecken viele Gemeinsamkeiten und sie mag die chinesische Kultur, Medizin und auch das Essen. Und ich mag auch ihr Essen.

Natürlich kocht Guo meist recht rassig. Ich esse sehr gerne scharf und koche selber auch oft so, doch manchmal vertrage ich es nicht gut und bekomme davon einen Schluckauf. Meist bringe ich ihn dann nur mit Trinken und gleichzeitigem Luft anhalten so lange es geht, wieder weg, ein Trick, den mir meine Mutter gezeigt hat und der mir immer hilft. Als es mir wieder passiert, drückt Guo mir sofort die Punkte Dickdarm 4 und 11, und zu meinem großen Erstaunen war der Schluckauf sofort weg.

Deutsch lernen

Bevor ich in die Schweiz gekommen bin, habe ich versucht, ein bisschen Deutsch zu lernen, aber es ist wirklich nur ein bisschen. Das kommende Wochenende verbringe ich bei Conny und Laura in Zürich und wir studieren zusammen Deutsch und Englisch. Wenn ich an den Wochenenden allein in Luzern bin, bekomme ich Heimweh, und ich stehe spät auf. Doch was tun, um die Zeit zu vertreiben? Ich surfe im Internet und will wissen, wie man Deutsch lernt. Ich finde einen Migros-Kurs, der jeweils von 18.00 Uhr bis 21.00 Uhr dauert, und melde mich dort an. Am Sonntag besuche ich die Kathedrale der Jungfrau Maria. Im Innern glänzt es golden, wenige Besucher sitzen in den Bänken, ich setze mich ebenfalls für eine Weile hin. Es ist kühl. Ich bete und wünsche gute Gesundheit.

Vor Ostern steigt die Zahl der Patienten, es sind jetzt etwa 20 pro Tag und ich habe mehr zu tun. Aber das gefällt mir und das geschäftige Tempo lässt mich einige meiner Sorgen vergessen. Auch die Patienten sind entspannter und einer gibt mir ein Ostergeschenk. Am Abend kommt Conny zu mir. Sie bringt mir ein Notizbuch, worin ich meine Erfahrungen in der Schweiz aufschreiben kann.

Nun bin ich bereits seit einem Monat in der Schweiz, und plötzlich durchfährt es mich, dass mein Sohn im Gymnasium ist und ich nicht weiß, ob er beabsichtigt, im Ausland zu studieren. Aber ich bin zu weit weg, um Einfluss zu nehmen, aber sein Vater wird schauen.

Außerdem habe ich immer noch keinen Vertrag erhalten, das beunruhigt mich, ich weiß nicht, was der Chef denkt und bitte die Übersetzerin nach der Behandlung des letzten Patienten um eine gemeinsame Unterredung mit dem Chef. Dieser stellt mir noch einige Fragen zu meiner Arbeit, kommt schließlich mit dem Vertrag und meint, dies sei nur eine Formsache, denn bereits mit Erhalt der Arbeitserlaubnis trete der Vertrag in Kraft. Er will mir auch ein Halbtaxabo geben, dazu braucht er ein Foto von mir. Ich habe eines bereit; es fühlt sich teuer an, im Schweizer Museum ein Foto von 8 Franken, was RMB 50 entspricht, zu machen.

Auch dieses Wochenende kommt Guo wieder zu uns. Sie erzählt uns von ihrem Deutschkurs, und wir üben zusammen. Als Erstes hat sie den Unterschied zwischen formell und informell gelernt. Zunächst weiß ich gar nicht, was sie damit meint, dann begreife ich: Es ist der Unterschied zwischen jemanden zu siezen oder zu duzen, und ich erkläre ihr die Hintergründe hierzu, zum Beispiel, dass, wenn sich jemand mit Vornahmen vorstellt, man sich dann duzt und sich siezt, wenn man die Person mit dem Familiennamen anspricht (zum Beispiel bei Patientinnen). Zu dieser Tradition gäbe es noch viel zu sagen und auch einige lustige Geschichten; von einem Italiener habe ich einmal gelesen, sein Nachbar habe zu ihm gesagt: „Also, ich bin der Heiri, gell." Der Italiener hat sich gewundert, wusste er doch schon lange, das sein Nachbar Heiri heißt, und als er ihn weiterhin siezte, hat sich der Heiri beleidigt zurückgezogen, und es hat gedauert, bis der Italiener begriffen hatte, warum. Des Weiteren hat Guo die Wochentage gelernt und sie beginnt aufzuzählen: „Montag, Dienstag, Mittag …" Und nie nimmt sie es uns übel, wenn wir herzhaft lachen, im Gegenteil, es freut sie, uns heiter zu sehen.

Reisen

Dennoch, obwohl sie fand, sie könne sich ja Bilder von den Orten anschauen, machen wir einige Reisen zusammen. Da die Schweiz sich vertraglich dem Schengenraum angeschlossen hat und sie demnach ein Schengenvisum erhalten hat, können wir nun auch ins Ausland reisen. So fahren wir zunächst nach Rust in den Europapark. Als ich ihr erkläre, was das ist, ist sie zunächst nicht begeistert, doch dann gefällt es ihr gut, vor allem, als sie merkt, dass dies ein sehr bekannter Ort ist. Danach besuchen wir meine Cousine und ihre Familie in der Nähe von Straßburg, wo wir übernachten können. Ich kenne meine Cousine nicht sehr gut, wir haben uns erst mit etwa 20 kennengelernt, da meine Mutter und ihr Vater nicht zusammen aufgewachsen sind und somit wenig Kontakt hatten. Ich hatte mich zwar gefreut, als ich merkte, dass da noch eine Cousine ist, denn es ist die einzige. Doch sie hat sich nicht unbedingt als gute Gastgeberin entpuppt, ebenso wenig wie ihr Mann. Er öffnet uns und lässt uns dann sicher zehn Minuten an der Tür stehen, bis die Cousine fertig geduscht hat. Es ist mir Guo gegenüber etwas peinlich, es ist ja meine Familie, doch dann kommt die Cousine: „Kommt doch rein, was steht ihr denn auch da draußen?" Wir begrüßen uns, setzen uns an den Tisch und nach einer gefühlten Ewigkeit, während der unser Magen immer lauter knurrt, erklärt sie mir, dass wir jetzt bald losfahren, um meinen Onkel, ihren Vater, abzuholen, der ca. 20 Minuten entfernt wohnt, und alle zusammen, auch ihr Sohn und ihre Tochter, in ein Restaurant gehen, in dem es die besten Flammkuchen gibt. Dort angekommen, bestellt sie für alle; nur ihr Sohn bestellt für sich eine Pizza. Der erste Flammkuchen wird, in Sechstel geschnitten, in die Mitte gestellt und ist natürlich, wenn alle ein Stück nehmen, sofort weg. Nach einer Weile kommt ein zweiter Flammkuchen, mit dem dasselbe geschieht. Dann kommt die Pizza für den Sohn, an der er sich gütlich tut. Ich muss, an meinem Sechstel Flammkuchen kauend, dermaßen auf diese Pizza gestarrt haben, dass es sogar meiner Cousine auffällt und sie mich fragt: „Hättest du lieber eine Pizza haben wollen?“ Nun, man will ja nicht unbescheiden sein, wenn man schon eingeladen ist, und so finde ich, es ist o.k. Zum Dessert gibt es Flammkuchen mit Äpfeln.

Auf dem Nachhauseweg schauen wir uns Straßburg an. Dieses Städtchen gefällt uns und Guo trifft eine Gruppe Chinesinnen und beginnt begeistert, sich mit einer etwa gleichaltrigen Frau zu unterhalten. Sie kommt dabei so in Schwung, dass sie mir euphorisch etwas auf Chinesisch erzählt und es erst merkt, als ich nur dumm schaue. Wir können alle gratis auf den Turm der Kathedrale steigen.

Paris

Eine weitere Reise führt uns nach Paris. Guo hat ein paar Tage frei und sie kennt dort eine Frau, die vor einiger Zeit als Patientin zu ihr ins Spital in Kunming gekommen war und offensichtlich sehr zufrieden und von Guo angetan war. Jedenfalls bezahlt sie uns für unseren Aufenthalt ein Studio, sehr zentral gelegen, gleich beim Arc de Triomphe. Wir haben darin eine Kochnische, also kaufen wir gleich mal Lebensmittel ein, wobei wir aufpassen müssen, nicht zu viel zu kaufen, da unsere Zeit beschränkt ist und ich gehe in fremden Städten auch gern mal ab und zu ins Restaurant. Für mich ist das Teil der Kultur. Doch daraus wird nichts. Guo rechnet immer noch die Euro (auch die Schweizer Franken) in Yuan um und da erscheint ihr alles extrem teuer. Und wir haben tatsächlich schon am ersten Tag so viel Essen eingekauft, dass es genug ist bis zu unserer Abreise. Doch an einem Abend sind wir eingeladen von unserer Gönnerin, in ein sehr vornehmes Restaurant an der Champs Elysée. Wir machen uns ein bisschen schön und gehen los. Im Restaurant angekommen, gibt es für Guo eine freudige Begrüßung und der Champagner steht schon bereit. Die Damen sind ebenfalls zu zweit, Inhaberinnen einer der berühmten Parfümmarken, wie wir später erfahren. Es ist wie in der Serie ‚Reich und schön', die ich seit vielen Jahren, auf Französisch, um in Übung zu bleiben, immer schaue. Ich bin ziemlich beeindruckt und genieße den Abend. Guo kann sich in jeder Gesellschaft bewegen, sowohl mit Bauern auf dem Land in China als auch mit reichen Pariserinnen; sie ist immer dieselbe charmante Person, es macht für sie keinen Unterschied.

Bei unserer Ankunft hat Guo sich gleich informiert und das beste Angebot der Métro für die paar Tage gefunden. Es ist Sommer und Paris um diese Jahreszeit richtig gemütlich. Viele Leute sitzen auf Liegestühlen um Brunnen herum und auch an der Seine, alles wirkt sehr entspannt. Natürlich besuchen wir auch den Louvre, hier hat Guo einen Tag gefunden, an dem der Eintritt gratis ist. Und natürlich fahren wir den Eiffelturm hoch und oben gönnen wir uns ein Cüpli und stoßen an. Mit der Métro besuchen wir jedes Quartier, und jedes Mal, wenn wir aus dem Untergrund wieder auftauchen, schaut sie sich strahlend und neugierig um. Und natürlich tauchen wir oft beim Arc de Triomphe wieder auf, da wir ja dort wohnen. „Dieses wieder", sagt Guo, als sie sieht, wo sie ist, „this again."

Weiterbildung

So wie ich, so wie alle Therapeutinnen, Ärztinnen und so weiter muss auch Guo Weiterbildungen besuchen. Für die chinesischen Akupunkteurinnen in der Schweiz wird das intern geregelt durch die TCM-Zentren. Da so viele hier sind, haben sie ihren eigenen Unterricht und ihre eigenen chinesischen Lehrerinnen. Diese Weiterbildungen finden jeweils an einem Wochenende in Wollerau statt. An solchen Wochenenden kommt Guo oft am Samstagabend zum Nachtessen zu uns und übernachtet dann hier. Wollerau ist ein Wort, dass sie überhaupt nicht aussprechen kann, es tönt bei ihr wie ‚oh, là, là!', und wir amüsieren uns, sie immer mal wieder zu fragen, wo sie war und lachen dann herzlich. Und sie sagt es auch gern immer wieder, um uns zu amüsieren. Da Guo in Kunming Vizeprofessorin ist, wird sie einmal gebeten, an einem Wochenende die Weiterbildung zu gestalten und sie wählt das Thema Zungenakupunktur. In Kunming habe ich ihr oft zugeschaut, wenn sie die Leute bittet, die Zunge herauszustrecken, wie sie schnell und gezielt zwei- bis dreimal in die Zunge sticht. Wie effektiv diese Methode ist, weiß ich nicht, in der Schweiz wird das nicht gemacht und selber habe ich noch nie meine Zunge zu diesem Zweck hingehalten. Einmal habe ich sie gefragt, und sie meinte, vor allem bei älteren Menschen, die keinen Geschmack mehr haben, wende sie diese Methode an. Von ihrem Vortrag kommt sie etwas verärgert und frustriert zurück. „Die Leute haben immer Fragen gestellt und zum Teil widersprochen." Die ‚Schülerinnen' waren zwar alles Chinesinnen, aber einige schon länger da und kritisch. In China gibt es nur Frontalunterricht, man stellt keine Fragen, sondern hört respektvoll zu. Durch dieses Fragen und Infragestellen ihrer Aussagen war sie aufgebracht.

Ich selber besuche am liebsten Weiterbildungen bei Ralf. Er ist dazu an verschiedenen Schulen angestellt und es ist mit ihm immer sehr interessant. Vor allem seine Seminare ‚Angewandte Akupunktur' gefallen mir sehr, denn man kann ihm sämtliche Probleme, die einem schon begegnet sind, schildern, ihn fragen und mit der Gruppe diskutieren. Am Anfang hat man, oder hatte ich jedenfalls, noch oft das Gefühl, dass es manchmal Glückssache war, wenn die Behandlung geholfen hat. Inzwischen kann ich aber, wenn mir jemand seine Beschwerden schildert und fragt, ob man da mit Akupunktur etwas machen kann, ganz klar sagen, wie die Möglichkeiten stehen. Ralf hat auch immer gute Tipps und weiß zu allem etwas. Vor allem aber sagt er, es ist wichtig, die Probleme dort zu lösen, wo sie entstehen, nämlich in deinem Leben.

Venedig

Im Spätherbst fahren wir nach Venedig, Guo hat ein verlängertes Wochenende, irgend so ein katholischer Feiertag. Wir fahren mit dem Auto, welches wir im Lido parken. Ein Hotelzimmer haben wir nicht gebucht. Ich war schon öfter in Venedig und hatte nie Probleme, ein Zimmer zu finden. Im Gegenteil, oft kommen Leute auf einen zu, um zu fragen, ob man ein Zimmer sucht. Jedenfalls am Bahnhof ist das so. Das erste Zimmer, welches wir anschauen, ist gar nicht schön, wie ein Spitalzimmer, in welches ein paar Betten hineingestellt wurden, und auch die Betten sehen nach Spital aus, aber schon das zweite gefällt uns gut und ist auch preislich in Ordnung. In der Schweiz war es noch nicht sehr kalt und ich hatte die Vorstellung, Venedig wäre, da es südlicher liegt, noch um einiges wärmer, und es kam mir beim Packen nicht in den Sinn, einen warmen Pullover mitzunehmen. Und nun ist es hier nicht nur kalt, es regnet auch noch. Ich habe gar keine Lust, das Zimmer zu verlassen und lege mich gemütlich ein Buch lesend ins Bett. Guo will sich umschauen gehen. Es ist eine ganze Weile vergangen, als sie wiederkommt. Ich frage sie: „Was hast du gesehen?“ „Viel Wasser!“

Da wir in diesem Zimmer natürlich keine Küche haben, sind wir gezwungen, ins Restaurant zu gehen, und mir ist das recht, einmal nicht selber zu kochen. Wir wählen ein chinesisches Restaurant, und ich habe so wieder einmal Gelegenheit, Guo mit der Besitzerin chinesisch sprechen zu hören. Das Essen schmeckt gut, doch beim Bezahlen gibt es zwischen Guo und der Wirtin eine Auseinandersetzung. Guo erklärt mir dann, worum es geht: Sie findet es eine Frechheit, auch noch für das Gedeck Geld zu verlangen, doch Guos Landsfrau meint: „Das ist Italien.“

Irgendwann hört es auf zu regnen, kalt ist es immer noch, wir ziehen alles übereinander an, was wir an Kleidern mitgenommen haben und natürlich schlendern wir durch alle Gassen Venedigs, bevor wir wieder zurückfahren. Auf dem Heimweg, denken wir uns, können wir in Mailand einen Halt machen und dort übernachten, wir haben noch Zeit. Wir parken in der Nähe des Mailänder Doms. Ich bin begeistert von der Schönheit des Doms, den ich zum ersten Mal sehe. Wir suchen uns ein Zimmer, doch das stellt sich bald als aussichtslos heraus, alles voll besetzt. Schließlich entscheiden wir, weiterzufahren. Unterwegs wünscht sie sich, bei einem speziellen Laden, von dem sie gehört hat, anzuhalten. Es soll dort Kleider sämtlicher großer Marken zu günstigen Preisen geben. Sie probiert einiges an, ich schaue ihr zu und wirke beratend. Was immer sie auch anzieht, sie sieht schön aus. Kleider machen Leute, doch eine schöne Frau ist immer schön. Ich selber interessiere mich nicht sehr für Kleider, shoppen gehen macht mir keine Freude, aber ich schaue ihr gerne zu. Schlussendlich kauft sie nichts und wir fahren weiter. Wir entscheiden, direkt nach Hause zu fahren. Unterwegs beginnt es heftig zu schneien. Wir sind jetzt auf der Autobahn in Richtung Gotthard unterwegs und der Schnee bleibt dort liegen, wird höher und höher, sicher liegen schon 30 cm auf der Straße und weit und breit keine Schneeräumung in Sicht. Natürlich habe ich Winterreifen, und natürlich wollen wir jetzt nach Hause, doch mir fällt auf, dass kein einziges Auto außer uns mehr unterwegs ist, wir haben die ganze Autobahn für uns allein; davon kann man sonst nur träumen. Doch nun wird es mir komisch und mit dem Schnee wird es sicher nicht weniger, je höher wir kommen. Und außerdem ist es spät und dunkel und wir sind müde. Ich erkläre Guo, dass ich so nicht weiterfahren kann und sie ist sofort einverstanden, umzukehren. Wir fahren zurück (natürlich bei der nächsten Ausfahrt) nach Lugano und dort finden wir sofort ein Hotelzimmer. Guo schläft bald ein, doch ich finde nach der anstrengenden Fahrt nicht gleich in den Schlaf, und dann beginnt der Zimmernachbar ziemlich laut fernzusehen. Ich verreise nie ohne Ohropax, doch hier nützen auch die nichts, es ist zu laut. So hoffe ich, dass der Film bald zu Ende ist. Doch immer, wenn ich denke, jetzt ist es so weit, kommt etwas Neues. Schließlich ist es zwei Uhr, mir reißt der Geduldsfaden, ich ziehe mich an und gehe zur Rezeption, um zu reklamieren. Doch dort ist alles dunkel. So klopfe ich energisch an die Tür des Störenfrieds, jemand in jenem Zimmer schreckt auf und schaltet sofort den Fernseher aus; eingeschlafen vor laufender Kiste. Hätte ich doch nur früher geklopft!

Am nächsten Tag kommen wir gut nach Hause, auch wenn wir die nun geräumten Straßen nicht mehr für uns allein haben.

Schwangerschaftsvertretung

Eigentlich würde ich es begrüßen, zwischen den Behandlungen einen Austausch mit anderen Therapeutinnen haben zu können, so wie Guo im Spital oder auch jetzt in Luzern. Deshalb suchte und fand ich einen Raum in einer Gemeinschaftspraxis. Es arbeiteten dort sieben Therapeutinnen unterschiedlicher Richtungen, eine Akupunkteurin war nicht dabei und so unterschrieb ich den Vertrag. Ich stellte mir vor, wie in dem schönen Warteraum immer ein paar Leute sitzen, auf ihre Behandlung warten und sich dann vielleicht auch für die Angebote der anderen Therapeutinnen interessieren. Ich verteilte auch in jener Region meine Flyer und schon hatte ich, vermutlich von einem neidischen Konkurrenten, eine Anzeige am Hals, konnte jedoch meine Kantonale Praxisbewilligung vorweisen und somit hatte es sich erledigt. Damals begann bereits der Verdrängungskampf und Futterneid. Jedenfalls hatte ich schnell ein paar neue Patientinnen, das freute mich, doch von den anderen Therapeutinnen sah ich fast nie jemanden. Meist war ich die Einzige, die dort arbeitete, das entsprach nicht meiner Idee von einer Gemeinschaftspraxis. Auf einer Versammlung stellten die anderen fest, dass es nicht gut lief und beschlossen eine gemeinsame Werbung im Internet. Nach einer Weile wollte ich mir diese Werbung mal ansehen und ging auf die entsprechende Plattform. Als Erstes sprang mich dort ein Inserat an, in welchem eine Akupunkteurin nicht weit von meiner Praxis zu Hause entfernt, eine Schwangerschaftsvertretung suchte. Sie verlangte zwar neben Akupunktur auch Ernährungsberatung und Massage. Ich rief trotzdem an, sagte gleich, dass ich kein Diplom für Massage vorweisen könne, sondern diese im Privatunterricht gelernt hätte, und dass ich keine Ernährungsberatung mache. Sie wollte mich trotzdem sehen und wir wurden uns schnell einig. Die Art, wie sie sich die Zusammenarbeit vorstellte, gefiel mir gut; ich konnte selbstständig arbeiten, zahlte einen Teil der Miete und einen Betrag pro Patientin. So konnte ich alle ihre Patientinnen übernehmen und war dort während zwei Tagen pro Woche voll besetzt. Es gefiel mir gut, ich konnte mehr Routine gewinnen und mehr Erfahrungen sammeln. Auch die Patientinnen, die bei ihr ausschließlich zur Massage gekommen waren, kamen weiterhin zu mir. Ich massierte auf meine von Guo gelernte Art. Manchmal dachte ich, oh ich mache immer dasselbe, doch es tat anscheinend gut. Eine Patientin, deren Ehemann ebenfalls zu mir kam, erzählte, sie habe ihren Mann gebeten, sie zu massieren. Er wusste nicht recht wie und sie sagte zu ihm: „Mach es einfach so wie Frau Scherrer." Dies bestätigte mir, dass meine Massagen so schlecht nicht sein konnten. Es kam auch vor, dass ich, wenn ich beim Massieren einen Schmerzpunkt erspürte, vorschlug, dort eine Nadel zu setzen. Die Patientinnen stimmten in so einem Fall alle zu, und dies brachte gute Erfolge, da so der Schmerz auch in tiefen Regionen aufgelöst werden konnte, die Patientinnen waren zufrieden. Einmal kam die Praxisinhaberin zu Besuch, gerade als ich eine Behandlung abgeschlossen hatte, und die Patientin meinte zu ihr, sie fühle sich bei mir gut aufgehoben. Solches zu hören, freute mich natürlich! Nur einmal, bei einer Patientin mit schwerem Schleudertrauma, schwoll nach etwa der sechsten Behandlung, schon auf dem Weg zur Besserung, die Wange an und war sehr schmerzhaft. Ich konnte mir das nicht erklären, hatte aber leider nicht die Gelegenheit, mir die Wange anzusehen und etwas gegen die Schwellung zu unternehmen, da die Patientin nicht mehr zu mir kam. Ich fragte Ralf, als ich ihn das nächste Mal sah, wie so etwas passieren könne. Auch hier wusste er Rat: „Das kann eintreten, wenn jemand zuvor Kortison bekommen hat. Kortison hat eine kühlende Eigenschaft, zieht zusammen, blockiert die Leitbahn, und wenn man dann die Energie mit einer Nadel ins Fließen bringt, stößt sie dort an, kann an jener Stelle nicht weiterfließen und es entsteht eine Schwellung. Ein warmer Essigwickel hilft, die gestaute Energie wieder ins Fließen zu bringen."

In dieser Praxis gab es eine Holzliege, deren Höhe man zwar verstellen konnte, aber nur von Hand, solange niemand darauf lag. Dies hat mir mit der Zeit etwas Rückenschmerzen verursacht; eine Liege, die man während der Behandlung je nach Bedarf mittels Fußtritt höher oder tiefer stellen kann, empfinde ich als großen Vorteil. Was die auf die Liege zu legenden Tücher betrifft, habe ich hier etwas gelernt: Die Kollegin verwendete Wäscheklammern mit dem Namen der Patientinnen, sodass man dasselbe Tuch einige Male verwenden konnte. Dies habe ich für meine Praxis übernommen.

Was mir hier auch gut gefiel war die Tatsache, in einem kleineren Städtchen zu sein, wo die Leute sich kannten, sich im Wartezimmer begegneten und freudig begrüßten, ab und zu solche, die sich seit Jahren nicht getroffen hatten. Den Raum in der Praxisgemeinschaft hatte ich wieder gekündigt, mit den zwei Tagen hier und den Behandlungen zu Hause war ich ausgelastet.

Ab und zu behandelte ich auch Menschen mit Parkinson. Eine Frau kam wegen Depressionen zu mir und wollte eigentlich nur eine Massage. Ich schlug ihr vor, trotzdem drei Nadeln zu setzen, und zwar 3-facher Erwärmer 3 (am Handrücken zwischen kleinem und Ringfinger in der Vertiefung) und Du mai 20 (die meisten Menschen haben dort, in der Mitte des Kopfes, eine kleine Delle). Sie war einverstanden. Nach der Behandlung vereinbarte sie keinen neuen Termin, rief mich aber ein paar Tage später an und wirkte eher unzufrieden: „Eine Massage stelle ich mir schon mehr zum Entspannen und Wohlfühlen vor", und so weiter. Ich dachte mir schon, sie sehe ich wohl nicht mehr, doch am Schluss meinte sie: „Aber es hat mir gutgetan." Sie meldete sich wieder an und wurde meine treueste Kundin überhaupt und ließ sich auch gerne akupunktieren. Nach einigen Monaten teilte sie mir mit, bei ihr sei Parkinson diagnostiziert worden. Daraufhin behandelte ich sie während zwei Wochen alle zwei Tage, wozu ich auch manchmal zu ihr nach Hause ging, da sie, wie es typisch ist für diese Krankheit, etwas steif und unflexibel war. Die intensive Behandlung hatte ihr gut geholfen, seither behandle ich sie meist alle zwei Wochen und seit über zehn Jahren ist die Erkrankung kaum weiter fortgeschritten, obwohl sie immer noch keine Medikamente dagegen nimmt. Bei ihr sind es vor allem die Beine, die zittern und manchmal hat sie eine Schwäche und Kraftlosigkeit in allen Gelenken. Da hilft sehr gut der

Punkt Milz 21, das große Luo der Milz, seitlich im 6. Zwischenrippenraum. Für die Stärkung der Beine habe ich sehr gute Erfahrungen gemacht mit Du mai 3, (wie schon erwähnt verläuft der Du mai entlang der Wirbelsäule) auf Höhe des seitlichen Beckenrandes: Hier versuche ich, durch das Einführen der Nadel schräg nach oben, zwischen die Wirbel zu gelangen, das heißt, ich steche tief. Und außerdem konnte ich immer auch gleichzeitig andere gelegentlich auftretende Beschwerden wie Verstopfung, Ekzeme oder psychische Belastungen behandeln.

Tag der offenen Tür in der Klinik St. Anna

Meine Wohnung befindet sich ganz in der Nähe der Klinik St. Anna. So habe ich gesehen, dass dort an einem Samstag ein Tag der offenen Tür stattfindet. Als Ärztin interessiert mich das natürlich und ich gehe gespannt hin. Es sind viele Menschen dort, auch viele Kinder nehmen aktiv an der Erfahrung teil. Es wird eine kardiopulmonale Reanimation (Wiederbelebung) vorgeführt, Blutdruck und Blutzucker gemessen und es werden Lungenfunktionstests durchgeführt. Wir dürfen uns verschiedene Abteilungen ansehen, auch den Operationssaal. Die Ärzte erklären alles ernsthaft und leidenschaftlich akribisch. Die seriöse und enthusiastische Arbeitseinstellung dieser Schweizer Ärzte und die Öffentlichkeitsarbeit des Krankenhauses gegenüber den Menschen unterscheiden sich stark von denen unserer chinesischen Ärzte und Krankenhäuser und verdienen unsere Studie.

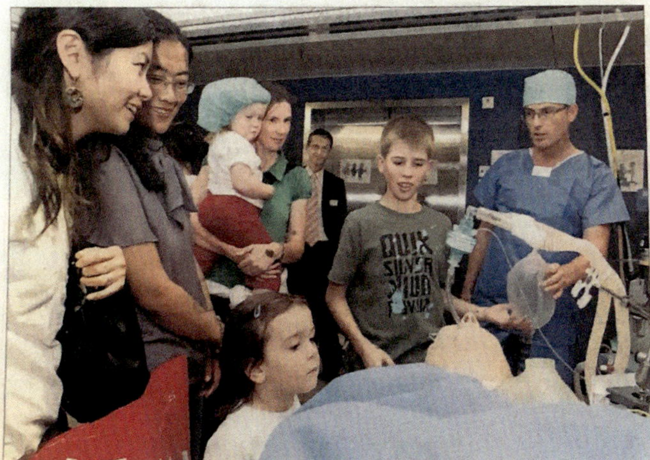

Gwundrige Blicke im St. Anna

Die Klinik St. Anna in Luzern zählte gestern am Tag der offenen Tür rund 2000 Besucher. Und es gab Grund zum Staunen. – Seite 25 BILD MISCHA CHRISTEN

Guo 2. von links

Neue Praxis

Noch bevor meine Stellvertretung, die schlussendlich etwas länger als ein Jahr gedauert hatte, zu Ende war, war mir klar, dass ich mich nach noch einer Praxis umschauen wollte, und zwar ebenfalls in einer Kleinstadt. Ich suchte zwischen Zürich und Luzern, sodass Guo, sollten wir doch noch zusammenarbeiten können, es nicht weit hätte, ihre Bekannten sowohl in Zürich als auch in Luzern zu besuchen. Meine Recherche bezog sich zunächst auf die Einwohnerzahlen und Akupunkteurinnen, also wie viele Einwohnerinnen es pro Praxis gab. Ich stieß auf Villmergen mit seinen damals ca. 7500 Einwohnerinnen und ohne Akupunkturpraxis, und mit vielen umliegenden kleinen Dörfern dazu. Ich fuhr hin, mich dort umzuschauen und sah einige leerstehende Räume, die früher Läden gewesen sein mussten, mit einer Tür in der Mitte und links und rechts davon ein Schaufenster. Und dann sah ich noch einen recht großen leeren Raum direkt an der Hauptstraße mit drei großen Schaufenstern und einer darin aufgeklebten Telefonnummer. Ich rief an und traf den Besitzer. Der Raum war zwar teuer, so viel wie ich von ca. 12 Behandlungen einnahm, doch ich überlegte nicht lange und mietete ihn. Die Lage war sicher ein großer Vorteil, denn es herrschte dort immer viel Verkehr und die Schaufenster waren gut zu sehen, auch vom Auto aus. Das Einrichten war eine Herausforderung, es gab nach dem von außen sichtbaren Raum einen Gang, rechts eine Tür zu einem kleinen Raum, ebenfalls mit Steinboden wie in dem vorderen großen Raum, gegenüber einen offenen Raum mit Tablaren und zuhinterst wieder einen großen Raum mit Parkettboden. Vorn musste das Wartezimmer hin, das war klar; auch wenn ich natürlich nicht so ein großes Wartezimmer gebraucht hätte, da bei mir eigentlich nie jemand warten musste und wenn, dann nur eine Person und nur kurz. Ich fuhr mit Guo hin, um ihr die Räumlichkeiten zu zeigen, und sie meinte, ich solle doch im kleinen, durch die Tür abschließbaren Raum behandeln und den hinteren Raum für mich einrichten. Ich fand die Idee nicht gut, der Raum war zu klein und nicht schön, ich richtete darin eine behelfsmäßige Küche ein. Vom Schreiner nebenan ließ ich mir den hinteren Raum durch eine Wand unterteilen, sodass man, und das war die Schwierigkeit, sowohl von beiden Räumen als auch vom Wartezimmer aus zur Toilette gehen konnte. Das Inventar kaufte ich mir zum Teil neu und zum Teil gebraucht. Zuerst stellte ich einfach alles, was ich nach und nach gekauft hatte, in den vorderen Raum. Das war einiges, und die Leute wunderten sich, was das wohl geben würde und tippten auf einen Gebrauchtwarenladen. Eine Frau wollte mir schon vor der Eröffnung sofort den Schreibtisch abkaufen.

Als dann alles am richtigen Ort stand und fertig eingerichtet war, sah es sehr schön aus. Auch die Fenster waren nun beschriftet, dazu hatte ich große schwarze selbstklebende Buchstaben gekauft und ich bat Guo, mir die chinesischen Zeichen für Traditionelle Chinesische Medizin aufzuschreiben. Sie schrieb nur zwei Zeichen auf, die für Chinesische Medizin, und sagte, Chinesische Medizin sei immer traditionell. Schnell merkte ich, dass ich eine ganz falsche Farbe gewählt hatte, denn die schwarzen Buchstaben waren von außen fast nicht zu sehen, und so klebte ich von innen her eine weiße Folie darüber. Nun ging es. Als Erstes organisierte ich einen Tag der offenen Tür. Ich ging wiederum mit Flyern durchs Dorf und auch in die umliegenden Dörfer. Einige Freundinnen halfen mir dabei, wofür ich sehr dankbar war, denn insgesamt waren es etwa 12 000 Flyer. Auch hier bestand ein Unterschied zu Zürich: Konnte es in Zürich vorkommen, dass man angemotzt wurde beim Einwerfen, so schaute hier schon manchmal jemand aus dem Fenster und rief: „Was bringen Sie denn Schönes?“ Oder ein paar Frauen standen sich unterhaltend auf dem Trottoir vor dem Haus und die dort Wohnende meinte: „Sie können es mir gleich hier geben.“ Und dies, obwohl sie einen Aufkleber ‚Keine Werbung‘ am Briefkasten hatte. Und die andere: „Ich bin zwar nicht von hier, aber darf ich trotzdem einen haben?“ Das war natürlich toll, auf diese Weise schon mit den Leuten ins Gespräch zu kommen. Es wurden auch schon Fragen gestellt betreffend Akupunktur und zum Tag der offenen Tür kamen wirklich viele Menschen. Ich bot Häppchen an und Prosecco, zeigte die Praxis und nicht wenige baten gleich um einen Termin. Da war ich doch sehr positiv überrascht über so viele Anmeldungen. Auch eine in Wohlen, der Nachbarstadt, wohnhafte Frau, eine ältere Dame, die ich schon seit Längerem kannte, meldete sich gleich nach der Praxisbesichtigung an und meinte scherzhaft: „Danke, dass du für mich hier eine Praxis eröffnet hast." Andere vermerkten begeistert, wie froh sie seien, dass sie nun nicht mehr jedes Mal für eine Akupunktur bis nach Baden fahren müssten. In Baden befand sich eine der ersten TCM-Praxen der Schweiz mit chinesischen Ärztinnen, neun arbeiteten damals dort. Sie gehörte zur selben Kette, in der Guo in Luzern arbeitet. So ging es also sofort recht intensiv los. Drei Tage arbeitete ich in Villmergen, den Rest in Zürich. Manchmal wurde es am Abend spät, sodass ich mir einen der durch die eingezogene Wand abgetrennten Räume zum Schlafen einrichtete. Ich freute mich über jede Kundin und es sprach sich schnell herum, dass ich nett sei, ich hörte die Leute es sich sogar im Warteraum erzählen. Einige, die zuvor schon in einer chinesischen Praxis gewesen waren, schätzten es, dass sie sich mit mir direkt unterhalten konnten anstatt mit einer Übersetzerin und dass ich mir wirklich Zeit für sie nahm. Der Unterschied war natürlich, dass ich nur eine Patientin pro Stunde behandelte, während es in einer TCM-Praxis meist drei Patientinnen gleichzeitig waren.

Zuerst füllte ich natürlich die Karteikarte aus, notierte mir die Beschwerden, sah mir die Zunge an und fühlte den Puls, dann zog sich die Patientin aus, je nachdem sagte ich ihr, was genau ausgezogen werden musste. Dabei machte ich lustige Beobachtungen, wie unterschiedlich die Menschen mit ihren Kleidern umgingen. Einige legten sie schön zusammengefaltet auf den Stuhl, auf dem sie gesessen hatten, andere machten ebenfalls ein schönes Häufchen und legten es auf den Boden, manchmal auf ihre Schuhe, wieder andere schmissen sie einfach hin und einer ging gar um den Tisch herum zum Stuhl, auf dem ich normalerweise saß und platzierte seine Kleider dort. Meist bat ich sie dann, sich zuerst auf den Rücken zu legen und behandelte Punkte an der Vorderseite. Sobald alle Nadeln gesetzt waren, fragte ich immer, ob es irgendwo wehtut. Manchmal sah man es auch gleich, wenn eine Nadel schief und verklemmt in der Haut steckte. Das passierte, wenn die Muskulatur ein bisschen bewegt wurde; dazu braucht es nur ganz wenig und dann schmerzt die Nadel. Sobald man sie dann ein bisschen rauszieht (nicht ganz, nur bis die Spannung nachlässt) und wieder gerade einführt, ist der Schmerz weg. Während nun die Patientin lag, schaute ich mir die Ohrpunkte an (am Anfang las ich jedes Mal das ganze Blatt mit der Beschreibung der Punkte und deren Wirkung durch), wählte dann die passenden aus und klebte das kleine Pflaster mit einem Samen darauf auf den Punkt. Es werden immer Vaccaria- oder Kuhsamen verwendet, wobei der Samen selbst keine Wirkung hat, aber er hat die richtige Größe, um den Punkt zu stimulieren. Man kann die Ohrsamen fertig mit Pflaster bestellen; mit der Zeit habe ich angefangen, sie selber zu machen, indem ich eine Pflasterrolle in der Apotheke kaufte, Vaccariasamen in der Sämerei bestellte und die Pflaster mit einem Skalpell auf den leeren Formen, die ich behalten hatte, zurechtschnitt. Erstens ist es billiger und zweitens halten die selbst gemachten Ohrpflaster um einiges länger. Wenn jemand sich während der Behandlung unterhalten wollte, war ich da und ging auf die Sorgen oder nachträglich in den Sinn gekommenen Beschwerden ein. Dann war auch schon Zeit, die Nadeln zu entfernen und für die Patientinnen, sich auf den Bauch zu drehen. Ich belasse die Nadeln jeweils 20 Minuten, so lange dauert ein Energieumlauf im Körper. Die meisten Akupunkteurinnen, die ich kennengelernt habe, lassen die Nadeln länger drin, oft liegt man, auch in TCM-Zentren mit chinesischen Ärztinnen, 45 Minuten alleine da. Ralf meinte einmal, man lasse die Nadeln nur drin, damit die Leute das Gefühl haben, sie bekämen etwas für ihr Geld. Das empfinde ich nicht ganz so, aber bei allem, was die 20 Minuten übersteigt, trifft das sicher zu. Bei Schmerzen, da hat man genauso gute Resultate, wenn man den Schmerz trifft und die Nadel gleich wieder entfernt. Bei gröberen Verspannungen ziehe ich manchmal die Nadel nur ein Stück heraus und führe sie wieder ein, wobei ich die Richtung ändere; dies drei- bis viermal, und natürlich mit Drehen der Nadel, um den Schmerz in der Tiefe zu lösen. So kann ich eine größere Fläche mit nur einem Einstich behandeln. Nachdem die Patientin sich auf den Bauch gelegt hat, wähle ich Punkte am Rücken und massiere nach jeder Behandlung mit der von Guo gelernten Technik, meist auch schon, wenn noch Nadeln drin sind. Je nachdem, wo sie sind, kann ich schon mal den Nacken oder die Beine massieren, sonst würde ich mit Akupunktur und Massieren in einer Stunde nicht fertig werden. Meine Massage dauert ca. 20 Minuten.

Ab und zu behandle ich Patientinnen mit Morbus Bechterew, einer unheilbaren Erkrankung, die meist mit einer Versteifung der Lendenwirbelsäule beginnt und sehr schmerzhaft ist. Dazu nehme ich die längeren Nadeln (4 cm), erspüre die Zwischenwirbelräume mit dem Finger und setze die Nadel genau zwischen die Wirbel. Da man leicht schräg sticht (von unten nach oben, je nachdem, welchen Wirbel es betrifft, ist die Schräge verschieden steil), muss man diese Schräge mit einberechnen, um genau zwischen die Wirbel zu treffen, was für den Erfolg der Behandlung ganz wichtig ist. Dann noch mit Moxa auf der Nadel hilft dies sehr gut gegen die Schmerzen.

Die Wirbelsäule entlang verläuft der Du mai. Die oben genannte Methode hilft auch sehr gut bei explosionsartigem Stuhlgang am Morgen, indem man Du mai 4 sticht und ebenfalls Moxa auf die Nadel setzt. Durch die Schräge der Nadel kommt das Moxa manchmal etwas nahe zur Haut, es wird zu heiß für die Patientin. In so einem Fall lege ich einfach eine Visitenkarte auf die Haut.

Praxis für TCM
079 932 88 75

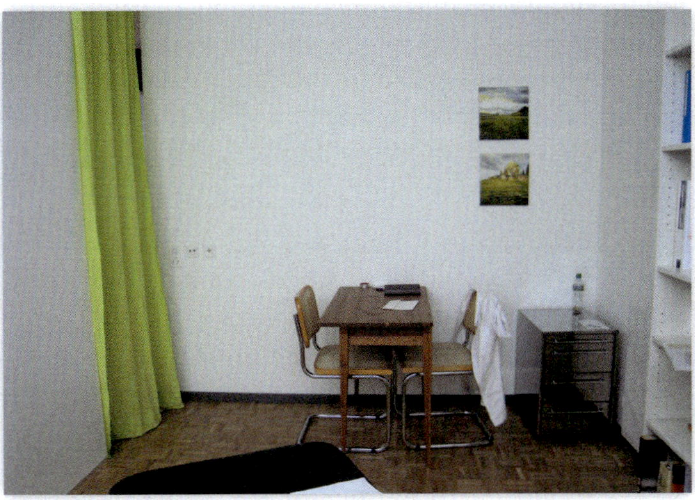

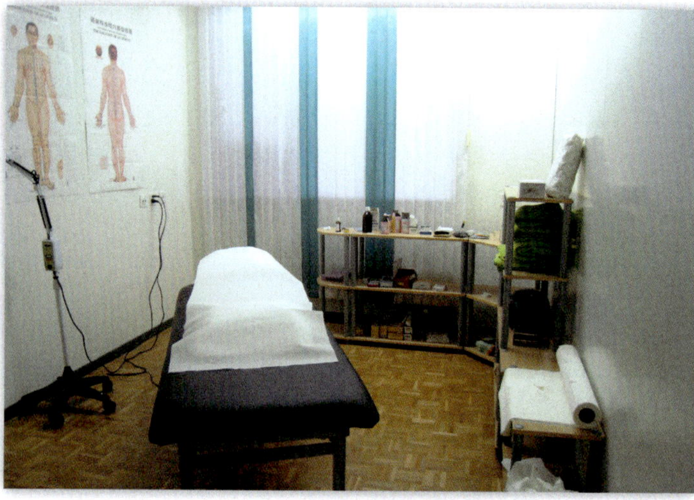

Schwangere Frauen und solche, die es werden wollen

Große Freude machte mir immer die Behandlung von Frauen, die schwanger werden wollten oder die es waren. Von den Frauen, bei denen eine Schwangerschaft bislang nicht geklappt hatte und die sich so sehr ein Kind wünschten, sind immerhin 80 % während einer Behandlung bei mir schwanger geworden. Eine Klientin kam zu mir, weil sie schon vier Aborte hatte, den letzten erst vor Kurzem. Natürlich war sie traurig, und ich weiß, dass chinesische Ärztinnen in so einem Fall empfehlen, mit der nächsten Schwangerschaft ein paar Monate zu warten, so lange, bis das verlorene Baby zur Welt gekommen wäre; dies wurde auch ihr geraten; und auch Ralf empfiehlt es so. Doch ihr Wunsch nach einem Baby war groß und ich behandelte sie entsprechend. Um schwanger zu werden, müssen Ren Mai und Chong Mai in Fülle sein, also öffnete ich diese Meere mit Lunge 7 und Niere 6, Milz 4 und Kreislauf 6, und schon beim nächsten Menstruationszyklus war sie wieder schwanger. Wobei schwanger zu werden ja nicht ihr Problem war. Damit das Baby bei ihr blieb, öffnete ich jedes Mal, wenn sie zur Behandlung kam, das war einmal pro Woche, den Ren Mai. Neun Monate später wurde sie glückliche Mutter. Sie war jung, da schlägt eine Behandlung besser an. Bei etwas älteren Frauen mit Kinderwunsch dauert es manchmal länger und auch der Druck auf diese Frauen ist größer, da die fruchtbare Zeit abläuft. Einmal erzählte mir eine Frau nach ein paar Behandlungen: „Es ist halt so, dass mein Mann Nachtschicht arbeitet und ich am Tag.“ Ich erwiderte scherzhaft: „Aber machen müsst ihr es schon selber.“ Es kommt auch vor, dass eine Frau den richtigen Partner erst spät findet, und plötzlich eilt es dann. Schlussendlich weiß man natürlich bei einer Behandlung nie, ob die Frau sowieso schwanger geworden wäre oder ob die Akupunktur einen Einfluss hatte. Beweisen lässt es sich nicht, aber die Hauptsache ist doch, der Wunsch geht in Erfüllung. Es ist wie bei der Behandlung während der Schwangerschaft: Es gibt den sogenannten ‚Pretty Baby Punkt‘, Niere 9, der soll schöne Babys geben. Aber niemand weiß natürlich, wie das Baby sonst wohl ausgesehen hätte. Während der Ausbildung wagte ich dazu einzuwenden, dass wohl jede Mutter ihr Baby schön fände. Eine Mitstudentin meldete sich zu Wort, ihr Baby wäre extrem hässlich gewesen. Jedenfalls nehme ich Niere 9 immer dazu bei der Behandlung schwangerer Frauen, schaden kann es nicht und nährt außerdem das Yin der Nieren. Diesen Punkt wähle ich auch bei Menschen mit Panikattacken, zusammen mit Ren Mai 15, mit gutem Erfolg. Da nehme ich meist noch Blase 15 und Blase 44 dazu, die Punkte des Herzens. Der Blasenmeridian ist mit seinen 67 Punkten der längste Meridian, er fängt, wie schon erwähnt, am inneren Augenwinkel an und endet an der Außenseite beim Nagelfalzwinkel der kleinen Zehe. Am Rücken verläuft seine erste Bahn 1,5 Cun oder 2 Querfinger neben der Wirbelsäule entlang, die Punkte von Blase 13 bis Blase 28 nennt man die Rücken-Transport-Shu-Punkte und jeder von ihnen ist einem Organ zugeordnet, das heißt, über diese Punkte können die Organe beeinflusst werden. Es gibt am Rücken noch einen äußeren Blasen-Meridian-Verlauf, 3 Cun neben der Wirbelsäule entlang. Um die Nummern dieser Punkte zu wissen, zählt man zum Shu-Punkt immer 29 dazu. Diese Punkte haben eine ähnliche Wirkung wie die Shu-Punkte, sind auf deren Höhe, wirken aber stärker auf die Psyche. Dieser Aspekt wird, finde ich, in den meisten Büchern vernachlässigt. Jedem Organ wird auch eine Emotion zugeordnet. Bei der Lunge ist es Trauer, beim Herz Hysterie und Freude, Depressionen können ebenfalls gut über die Herz-Punkte behandelt werden. Die Emotion der Leber ist Wut und der der Gallenblase Ärger, dies drückt sich auch in unserem Sprachgebrauch aus, zum Beispiel: ‚Es ist mir eine Laus über die Leber gelaufen‘ oder ‚Mir kommt die Galle hoch‘. Um die Wirkung zu verstärken, kann man gut alle vier Punkte, also die zwei auf dem inneren und die zwei auf dem äußeren Blasenmeridian, nehmen. Ralf erzählte einmal, einer seiner Kollegen arbeite nur mit den Rücken-Punkten und dies mit gutem Erfolg.

Es ist bekannt, dass Frauen manchmal zu sehr auf den Kinderwunsch fixiert sind und mit dieser ganzen Anspannung eine

Schwangerschaft geradezu verhindern. So wurde eine Patientin nach etlichen vergeblichen Mühen und künstlichen Befruchtungen in jenem Monat schwanger, als sie in die Praxis kam und sagte: „Ich gebe auf, du musst mich nicht mehr behandeln, um schwanger zu werden; behandle einfach nur meine Schulterschmerzen." Neun Monate später war das Baby da.

Das häufigste Problem in der Schwangerschaft ist natürlich die Übelkeit. Deren Behandlung ist einfach, aber eine Akupunkteurin muss wissen, was sie tut und darf keine Angst haben, wegen der Schwangerschaft etwas falsch zu machen, wegen verbotener Punkte und so, siehe weiter unten. Der Punkt Kreislauf 6, drei Fingerbreit unter dem Handgelenk, auf der Innenseite zwischen den Sehnen, hilft ausgezeichnet gegen Übelkeit, und nicht nur in der Schwangerschaft. Vor Kurzem hatte ich eine Phase, da war mir immer am Morgen nach dem Aufwachen etwas übel. Ich habe mir Kreislauf 6 ein einziges Mal gestochen und die Übelkeit kam nie mehr. Man könnte dazu eventuell noch Milz 6 und Magen 36 nehmen. Ischiasschmerzen können auch durch die Schwangerschaft ausgelöst werden. Eine junge Frau kam deshalb zu mir und konnte kaum noch laufen. Ich habe nur eine lange Nadel in den Schmerz hineingestochen und sie ging davon, als wenn nichts gewesen wäre und konnte problemlos auftreten. Solche Patientinnen hat man dann natürlich nicht lange, aber das Resultat macht Freude. In der Jugend und in der Schwangerschaft fließt die Energie kräftig, und beides zusammen lässt eine erfolgreiche Behandlung zu.

In allen Büchern über Akupunktur wird von verbotenen Punkten während der Schwangerschaft geschrieben, und selbst Guo fand, am besten sollte man während einer Schwangerschaft gar nicht oder jedenfalls so wenig wie möglich behandeln. Die Gefahr besteht darin, vorzeitige Wehen auszulösen. Dass es aber gar nicht so einfach ist, Wehen auszulösen, merkte ich, als eine Frau dies von mir wünschte, weil das Baby schon groß war und sie wollte gebären, drei oder vier Wochen vor dem Termin. Ich probierte wirklich alles, nahm alle sogenannten verbotenen Punkte und stimulierte sie sehr heftig. Doch das Kind kam genau zu seiner Zeit. Durch das starke Stimulieren war die Geburt aber sehr gut, kurz und mit wenig Schmerzen verlaufen. Sowieso würde ich unbedingt jeder Frau eine Geburtsvorbereitung mit Akupunktur empfehlen, am besten schon ab der 32. Woche. Ich hatte damit die allerbesten Erfahrungen gemacht und nebst Geburtsanzeigen oft Dankesschreiben erhalten im Sinne von: ‚Nach nur drei Stunden sehr erträglicher Wehen ist unser … zur Welt gekommen'. Oder so ähnlich. Und bei der letzten Frau, die ich zur Geburtsvorbereitung behandelt hatte, kam das Baby fast zu schnell: Innerhalb einer halben Stunde war es da, sie hatten gerade noch Zeit, ins Spital zu fahren.

Endlich heim

Guo zählt weiterhin die Tage bis zu ihrer Heimkehr, mehr als die Hälfte ist schon vergangen. Natürlich hat sie immer noch Heimweh, vor allem nach ihrem Sohn. Ihr Mann schaut zwar gut auf ihn, dennoch muss sie manchmal per Telefon erzieherische Gespräche führen, zum Beispiel als er einmal mit Freunden ausgegangen ist und sich betrunken hat. Inzwischen ist er 17 Jahre alt. Sie telefoniert in unserem Wohnzimmer. Ich verstehe zwar nichts, doch ich habe den Eindruck, sie spricht sehr gut und in aller Ruhe mit ihm. An den Wochenenden, an denen ich nach Luzern fahre, unternehmen wir oft etwas, zum Beispiel fahren wir um den Vierwaldstättersee herum und halten bei allen geschichtsträchtigen Orten, wo sie natürlich die Geschichte von Willhelm Tell zu hören bekommt. Wir behandeln oder massieren uns nach wie vor immer noch oft gegenseitig, und es scheint mir, dass sie im Großen und Ganzen zufriedener geworden ist. Sie beginnt, eigene Bekanntschaften zu schließen, sei es mit anderen Akupunkteurinnen oder auch mit Patientinnen. Einmal kommen ihre Eltern zu Besuch, mit einer Gruppenreise. Da haben sie zwar nicht viel Zeit zusammen, denn wie das so ist mit chinesischen Gruppen, besuchen sie fünf Länder in zehn Tagen. Aber die zwei Tage, die die Eltern in der Schweiz sind, schläft Guo bei ihnen im Hotel. Die Mama ist sehr glücklich zu reisen; sie ist eine kleine, schlanke, strahlende und liebenswerte Frau. Der Vater ist ebenfalls ein gut aussehender älterer Mann.

Eine meiner Patientinnen hat mir ein Buch geschenkt, es heißt ‚Wilde Schwäne' und beschreibt drei Generationen von Frauen in China, die von der Zeit der japanischen Besatzung bis zum Massaker auf dem Tian'anmen-Platz gelebt haben. Das Buch zieht mich von Anfang bis Ende in seinen Bann, und oft verzweifle ich beinahe beim Lesen und denke: Hört denn dieses Elend nie auf? Ich spreche mit Guo darüber, denn so lange ist ja zum Beispiel die Kulturrevolution noch nicht her. Was für ein schönes Wort für so eine schlimme Zeit, in der wegen Maos

Schuld 50 Millionen Chinesinnen verhungert oder umgebracht worden sind. Das heißt, verhungert sind sie wegen Maos Idee des großen Schrittes nach vorn: Es wurde nur noch ein Wirtschaftszweig gefördert, die Metallindustrie und alle anderen, vor allem die Landwirtschaft, vernachlässigt. Um von seiner Schuld an Millionen von Hungertoten abzulenken, hat er die Kulturrevolution inszeniert (so sehe ich das jedenfalls). Während dieser Zeit wurden viele Kulturgüter zerstört, als Lesestoff wurde nur noch Maos rotes Buch toleriert, Kinder schlugen (sogar erschlugen) ihre Lehrer, über Jahre wurden alle Schulen geschlossen und Elend und Hunger herrschten ohne Ende. Eine Szene hat mir besonders gut gefallen, in der eine Gruppe Kinder in die Wohnung einer Frau eindrangen, um zu plündern; doch die Frau hatte vier kräftige Söhne und jeder nahm zwei Kinder am Kragen und stellte sie nach draußen. Doch noch vor all diesem Schrecken hat Mao die Menschen aufgefordert, zusammenzukommen und darüber zu sprechen, was die Regierung besser machen könnte. Das taten sie, doch alle, die etwas sagten, wurden später an den Pranger gestellt, gequält, gedemütigt und in Arbeitslager gesteckt. Da verwundert es nicht, dass Guo am Anfang unserer Bekanntschaft meinte, Politik interessiere sie nicht. Nun erzählte sie mir davon, wie ihre Eltern zu jener Zeit Holz gegessen hatten, weil es gar nichts mehr gab. Ihr Vater war Lehrer gewesen, er wurde aufs Land deportiert und musste auf dem Feld arbeiten, so wie alle gebildeten Leute, und die ungebildeten wurden in der Regierung eingesetzt. Was mich sehr verwundert, ist, dass Maos Gräueltaten bis heute in China ein Tabuthema sind und sein Bildnis immer noch überall hängt, aber die Macht der Kommunistischen Regierung, die Mao gegründet hatte, ist wohl zu groß.

Guo selbst hat in Peking studiert und sie erzählt mir, wie den Studentinnen vor Kälte beinahe die Füße abfroren. So sind nun die meisten Chinesinnen zufrieden mit der Regierung, denn es geht ihnen wirtschaftlich immer besser. Und wer sind wir, hier in Europa? Da macht Guo mich darauf aufmerksam, dass wir die halbe Welt besetzten, überall Kolonien gründeten und die Ureinwohner mordeten. Wie kommen wir also dazu, über die Chinesen und die chinesische Regierung zu urteilen?

Durch andere Bekanntschaften, die Guo macht, merkt sie, dass man sich hier beim Vornamen anspricht und ist nun ganz verunsichert, ob sie sich bei neuen Bekanntschaften nun mit Guo oder mit Cuiping vorstellen soll. Ich bleibe bei Guo, ich habe mich daran gewöhnt. Viele, die mit ihr zusammenarbeiten, auch Jennifer, nennen sie ausschließlich Doktor Guo. Etwas anderes hat Guo gleich am ersten Tag ihrer Arbeit hier festgestellt: Sie kann hier nicht arbeiten wie in China. Mit drei Patientinnen pro Stunde, manchmal 20 Behandlungen am Tag muss es zwar ebenfalls schnell gehen, aber, sagt sie mit einem verschmitzten Lächeln: „Muss sauber."

Einmal kommt auch ihr Mann zu Besuch und bleibt für zwei Wochen. Laura und ich besuchen die beiden und schlagen vor, einen Ausflug zu machen. Guo würde gern wieder um den Vierwaldstättersee herum fahren, doch ich habe keine Lust, zweimal das Gleiche zu machen und wir fahren auf den Bürgenstock, von wo aus wir wandern können und einen schönen Ausblick über den ganzen See haben. Alle sind zufrieden. Als die Zeit seiner Abreise gekommen ist, bringe ich die beiden zum Flughafen. Bei ihrer Verabschiedung ziehe ich mich etwas zurück, dann geht er, und ich kann Guo nicht mehr finden. Ich frage mich schon, nicht ganz im Ernst, ob sie vielleicht mitgegangen ist, da kommt sie hinter einer Ecke hervor, wohin sie sich zurückgezogen hatte, um zu trauern.

Ein andermal fährt Guo allein nach Rom. Ich habe keine Lust und auch wenig Zeit, um mitzufahren. Sie kommt zurück mit einem wuchtigen Pelzmantel, den ihr jemand auf der Straße aufgeschwatzt hat, ein Schnäppchen. Ich lache sie ein wenig aus und erkläre ihr, dass hier kein Mensch mehr Pelz trägt, dass es diverse Kampagnen gegen das Pelztragen gegeben hat und sie findet bald, sie habe wegen der Aussicht auf ein Schnäppchen wohl etwas überstürzt gehandelt und sie könne den Mantel ja ihrer Mutter schenken. Ich sehe diese kleine zierliche Frau schon in dem Pelzmantel verschwinden.

Und schon ist ihre Zeit in der Schweiz vorbei. Zwei Freundinnen aus Luzern helfen ihr beim Wohnungsputz, dann kommt sie ein letztes Mal für ein Wochenende zu uns, mit einer handfesten Erkältung. Dennoch will sie ein vorläufig letztes Mal mit uns zusammensitzen. Ich koche, und zum Dessert essen wir ein vorläufig letztes Mal eine Stalder Schoggicrème, die sie, wie wir auch, sehr liebt. Bevor sie ins Bett geht, gebe ich ihr ein heißes Neocitran (manchmal ist halt doch ein Medikament nötig und sinnvoll), und am nächsten Morgen geht es ihr schon besser. Sie hat sehr viel Gepäck, einerseits alles, was sie mitgebracht hat für zwei Jahre und andererseits hat sie auch sehr vieles geschenkt bekommen. Wir wohnen nahe beim Flughafen, und ich bringe sie hin. Der Pelzmantel liegt im Kofferraum, und nachdem wir alles ausgeladen haben und ich mich nicht mehr erinnere, was Mantel auf Englisch heißt, sage ich zu ihr: „Nimm noch dein Tier", was sie sehr zum Lachen bringt. Damit der Koffer nicht zu schwer ist, muss sie vieles übereinander anziehen, zuoberst den Pelzmantel. Die zwei Frauen, die ihr beim Putzen geholfen haben, kommen ebenfalls zum Flughafen, um sie zu verabschieden, und finden, sie sehe gut aus. Als sie dran ist, ihren Koffer aufzugeben, ist er immer noch zu schwer. Sie tritt zur Seite, öffnet ihn, alles ist wild durcheinander reingestopft, sie zieht einige Sachen wieder raus, stopft sie in eine Tasche und gibt sie mir zum Aufbewahren bis zu ihrem nächsten Besuch. Und dann geht sie durch den Zoll. Durch die Glasscheibe halten wir nochmals die Hände zusammen, dann verschwindet sie mit einem letzten Blick und Kusshand hinter dem Gang.

Arbeit

Jedes Mal, wenn ich am Morgen in Villmergen ankam und meine Räumlichkeiten betrat, dachte ich: „Oh, habe ich eine schöne Praxis.“ Ich war sehr gerne dort und ich hatte ausgesprochen nette Kundschaft. Ich freute mich so, dass sich meine Freude wohl übertrug. Natürlich konnte ich nicht allen helfen, das kann wohl niemand, aber doch sehr vielen, mit einigen wenigen Ausnahmen waren die Klientinnen sehr zufrieden mit der Behandlung und mit dem Resultat. Es gab Tage, vor allem im Winter, da behandelte ich von morgens bis abends vor allem Ischiasbeschwerden, wozu ich natürlich die 10 cm langen Nadeln benutzte, außer bei kleinen Pos, da genügten manchmal 7,5 cm, und setzte ein Moxahütchen auf die Nadel. Oft klebte ich am Ende der Behandlung ein Herba Chaude Wärmepflaster auf die am meisten schmerzende Stelle. Mit diesen Pflastern habe ich immer gute Erfahrungen gemacht und ich benutze sie selber auch gerne. Der Inhalt sind chinesische Kräuter, die sich in Verbindung mit Sauerstoff erwärmen. Also sollte man das Pflaster ca. zehn Minuten vor dem Aufkleben auspacken. Wenn ich Menschen mit Schmerzen behandle, suche ich zuerst durch Drücken und Tasten die Schmerzpunkte. Dies erfordert etwas Zeit und man sollte da sehr genau arbeiten. Meist mache ich mit dem Daumennagel bei den gefundenen schmerzenden Stellen ein Kreuz auf die Haut, sodass ich nach dem Tasten die Nadeln fließend setzen kann. Die Wärmepflaster kann man auch in der Apotheke kaufen, ich bestelle sie bei meinem Nadellieferanten. Sie sind nicht ganz billig, aber ich setze sie nie auf die Rechnung, ein bisschen Großzügigkeit kommt einem sicher auf eine Art wieder zugute. Manchmal zeigte ich den Patientinnen nach der Behandlung die Nadeln und sie waren erstaunt. Ob die Nadeln lang oder kurz sind macht für die Schmerzempfindung keinen Unterschied, aber um den bestmöglichen Nutzen zu haben, sollte man den Nerv treffen oder die schmerzende Muskulatur oder Sehne, dies schmerzt kurz und am besten ist, wenn die Patientin beim Drehen der Nadeln eine Ausstrahlung spürt. Auf diese Art kann gut geholfen werden. Bei Schulter- oder Rückenschmerzen schröpfe ich oft oder mache eine Schröpfmassage, wobei ich die Schröpfkugel nach Einölen der Haut aufsetze und ziehe. Menschen, die noch nie mit Schröpfen zu tun hatten, sollte man informieren, dass die Haut nachher gerötet ist, im Sommer kann es vorkommen, dass jemand das nicht will. Die Behandlung an und für sich wird aber als angenehm und entspannend empfunden.

Bei Erkältung habe ich die besten Erfahrungen gemacht mit der Anwendung von Gua Sha. Ich verwende dazu einen Fünfliber, so wie Ralf das gemacht hat. Bei dem Teil, welches Guo mir bei meinem ersten Besuch bei ihr geschenkt hat, sind die Kanten viel zu rund, es lässt sich kein Effekt erzielen. Ich fahre mit der Kante des Fünflibers (quer), wieder nach Einölen der Haut, links und rechts der Wirbelsäule von etwa Schulterhöhe bis ca. 10 cm nach unten. Die Haut sollte richtig rot werden und rote Punkte bekommen, dann ist die Wirkung garantiert. Das können sich auch Laien gegenseitig machen, der Partnerin, dem Partner oder den Kindern. Möglicherweise hustet man in der ersten Nacht nach der Behandlung mehr als vorher und es löst sich Schleim, danach sollte alles vorbei sein. Sind die Nasennebenhöhlen betroffen, setze ich oft die Nadeln zwischen den Punkten Magen 2 und Magen 3. Dort ist kein offizieller Punkt, nicht mal ein Extrapunkt, aber, mit Moxa auf der Nadel, hilft er sehr gut. Vorsicht, dass die Nadel gerade ist und die Patientin sich nicht bewegt.

Von meinen Patientinnen konnte ich auch immer wieder etwas lernen. Eine sagte mir einmal, am Morgen auf nüchternen Magen einen Esslöffel Öl in den Mund zu nehmen, 20 Minuten im Mund zu drehen und dann auszuspucken helfe gegen zu viel Schleimproduktion und gegen verstopfte Nase. Nun kam mir in den Sinn, dass auch Ralf dies schon sagte; damals glaubte ich, es sei schrecklich, am Morgen, noch vor dem ersten Kaffee, Öl in den Mund zu nehmen. Da aber meine Nase oft verstopft war und ich nur mit Nasenspray, das ich täglich benutzte, frei atmen konnte, probierte ich es aus. Schon ab dem ersten Tag brauchte ich kein Nasenspray mehr, etwa ab dem dritten Tag war die Nase frei und blieb es auch, aber nur, wenn ich es täglich machte. Und es war keineswegs schrecklich. Ich legte mich einfach nochmals 20 Minuten ins Bett und spuckte das Öl dann ins Waschbecken. Nun war zwar die Nase frei, aber das Waschbecken nach einer Weile verstopft. Seither spucke ich es in die Toilette, spüle gleichzeitig und habe keine Probleme mehr. Auch einer älteren Patientin, deren Augen ständig tränten, half diese Methode. Aber auch Gallenblase 20 ist ein guter Punkt für alle den Kopf betreffenden Beschwerden wie verstopfter Nase oder Schnupfen, er überzeugt mich in dem Zusammenhang mehr als Dickdarm 4. Man kann ihn sich gut selber drücken, zum Beispiel auch bei Kopfschmerzen, hinten am Nacken beim Schädelansatz in den zwei Vertiefungen, stark genug, dass das Drücken schmerzt und eine Zeit lang drauf bleiben lindert die Kopfschmerzen, vor allem, wenn sie vom Nacken her kommen.

Kontakt

Ich entschloss mich nun doch, Chinesisch zu lernen. Ich interessierte mich schon immer sehr für andere Sprachen, Und diese Sprache begann mich zu faszinieren und außerdem machte Guo keine besonders großen Fortschritte mit ihrem Englisch. Ein paar Brocken Deutsch hatte sie zwar auch während ihres Aufenthaltes gelernt, mehr jedenfalls als ein Kollege aus Kunming, über den sie sich lustig machte, weil er nach zwei Jahren in der Schweiz nur „Entschuldigung" sagen konnte. Ich würde mich gern besser mit ihr unterhalten können, und so meldete ich mich zuerst mal für einen Migros-Kurs an. Ich war dort die Älteste, die anderen waren alles Studentinnen. Das störte mich an und für sich nicht, was mich aber störte, war, dass sie zu Hause nicht lernten und es deshalb nur schleppend vorwärtsging. Dann traf ich eine Frau, die bei einer Chinesin Privatunterricht nahm und die es gut gefunden hätte, es käme noch jemand dazu; so konnten auch die eher hohen Kosten geteilt werden. Doch als sie einmal nicht in die Stunde kommen konnte, ich im Vorfeld nicht darüber informiert wurde und allein mit der Lehrerin war, verlangte diese das Doppelte von mir. Sie war mir sowieso nicht sehr sympathisch und so schrieb ich mich schließlich für einen Kurs der Uni Zürich ein. Dort gefiel es mir wirklich gut. Es waren alles Seniorinnen und nun musste ich mich anstrengen, um mitzuhalten. Nun war ich manchmal diejenige, die zu Hause nicht genug lernte, und als dann auch noch meine Mutter an Alzheimer erkrankte, musste ich aus zeitlichen Gründen aufgeben. Aber nicht ganz, denn ich hatte ein Computerprogramm entdeckt, das mich begeistert. Es heißt ‚Duolingo', ist von Usern gemacht und man kann damit jede Sprache lernen, gratis. Das heißt, für Deutschsprachige sind es nicht so viele, auch kein Chinesisch, aber mit Englisch als Muttersprache kann man fast jede Sprache lernen, und so meldete ich mich mit Muttersprache Englisch an und lerne dadurch auch gleich noch besser Englisch, denn auch mein Englisch ist längst nicht perfekt.

Außerdem hatte ich Skype entdeckt und Guo und ich fingen an zu skypen. Meist am Sonntag, am Anfang trafen wir uns eher zufällig, wenn eine von uns am Computer war, schaute sie, ob die andere auch da war. Dann wurde es immer regelmäßiger und zu ähnlichen Zeiten, und wenn eine von uns nicht da war, teilten wir dies entweder schon am Sonntag zuvor oder per SMS am selben Tag mit. So war trotzdem jede frei in der Gestaltung des Tages. Am Anfang war die Qualität manchmal sehr schlecht, und es kam vor, dass wir aufhören mussten, weil wir uns nicht mehr hörten oder das Bild verzerrt wurde. Das alles hat sich inzwischen grundlegend verbessert. Guo erzählte mir, dass sie angefangen habe, Tennis zu spielen. Mir kam da eine chinesische Tennisspielerin in den Sinn, die es unter die Top10 geschafft hatte. Guo kannte sie natürlich, und ich erzählte Guo, dass diese immer ihren Mann beschimpfte, wenn sie verlor. Guo musste lachen: „Wie ich!“ Und nun erwies sich das ‚Tier‘ doch noch als nützlich: Da es in den Häusern keine Heizung gibt, hat Guo oft im Winter nicht mehr als 6 Grad in der Wohnung und sitzt mit der Pelzjacke vor dem Computer.

In meiner zweiten Praxis richtete ich den Raum, in dem ich in den Anfangszeiten manchmal übernachtet hatte, ebenfalls als Behandlungsraum ein. Ich hatte viele Patientinnen und es würde mich nach wie vor freuen, wenn Guo nun zu mir zum Arbeiten käme. Nun, da sie wieder zu Hause war, hatte sie Heimweh nach der Schweiz, und sie gab mir zu verstehen, dass sie gerne wiederkommen würde. Als sie mir dann eines schönen Sonntags mitteilte, sie gehe in eine Praxis derselben Kette nach Baden, war ich schockiert und so sehr vor den Kopf gestoßen, dass ich mich fragte, ob ich diesen Kontakt noch aufrechterhalten wollte. Sie verstand meine Reaktion und erklärte mir, dass sie befürchte, unsere Freundschaft könnte durch das ständige Zusammenarbeiten zerbrechen. Ich konnte dies nicht nachvollziehen, denn ich hatte früher immer mit Freundinnen zusammengearbeitet, zuerst im Gastgewerbe und später mit Laura in der von uns gegründeten Kinderkrippe, und es war immer perfekt. Ich zog mich zurück und dachte viel über diese Situation und ihre

Art nach, und irgendwann kam ich zu dem Schluss, dass sie vielleicht recht hat, vielleicht hätte ich auch gar nicht genug Arbeit für uns beide und außerdem bräuchte ich keinen Papierkram zu bearbeiten und hätte sie dennoch in der Nähe, ohne Verantwortung und ohne Druck. Ich begann die Weisheit in ihrer Entscheidung zu sehen. Wir skypten wieder und ich freute mich immer mehr, dass sie wieder in die Schweiz kommen würde. Als es endlich so weit war, stand ich einmal mehr am Flughafen und auch Laura kam mit, um sie zu empfangen. Es standen noch andere Leute dort, die auf Guo warteten, und wir kamen ins Gespräch. Guos Flugzeug kam mit großer Verspätung an, und als sie dann endlich hinter der Absperrung hervorkam, war die Freude allerseits sehr groß. Ich fragte die Frauen der Praxis Baden, ob sie uns nach dem langen Warten noch fünf Minuten geben könnten. Sie zeigten sich kulant, und natürlich hatten wir uns nicht in fünf Minuten begrüßt und schon wieder verabschiedet: Nach einer Weile wollten sie dann doch gehen, auch sie hatten schließlich lange gewartet, und wir wussten ja, dass wir uns nun wieder öfter sehen würden. Ich fragte Guo, wie lange sie diesmal bliebe, und sie meinte, sie wisse es nicht, vielleicht für immer. Sie wohnte nun in Baden West, und als ich sie das erste Mal dort besuchte, erzählte sie mir, sie sei in Peking, wo sie umsteigen musste, in das vermutlich einzige Loch im ganzen modernen Flughafen gefallen und hätte sich beinahe den Fuß verstaucht. Und jetzt hatte sie eine Gürtelrose! Baden West liegt auf meinem Nachhauseweg und manchmal schaue ich beim Vorbeifahren bei ihr rein, und oft kocht sie uns dann etwas. Doch als sie dann auch noch mit einem Fahrrad, das ihr jemand ausgeliehen hatte und mit dem sie zur Arbeit fährt, kopfüber auf die Straße fällt, sie sich dabei einen Finger bricht und ihr Kinn schwarz wird und sehr anschwillt, findet sie schließlich, alles spreche gegen ihren Aufenthalt hier und kündigt. Bis zum Ablauf der Kündigungsfrist arbeitet sie trotz gebrochenem Finger weiter und setzt Nadeln mit der linken Hand. Obwohl sie sich auf die Heimreise freut, bleibt sie nach Ablauf der Kündigungsfrist noch ein paar Tage länger, um meinen Geburtstag mit mir zu feiern, das rechne ich ihr hoch an. Durch ihre vorzeitige Kündigung hat sie es sich natürlich mit jener TCM-Kette verscherzt, doch in der Schweiz zu arbeiten hat sie sowieso abgeschrieben und auch ich habe nicht mehr die Ambitionen, mit ihr hier arbeiten zu wollen. Die Behandlungen in meiner Praxis sind inzwischen etwas weniger geworden, somit natürlich auch der Verdienst, und wenn ich mich umhöre, geht es den meisten so. Viele, die an und für sich gar nichts mit TCM zu tun haben, haben gemerkt, dass sich damit Geld verdienen lässt und laden chinesische Ärztinnen in die Schweiz ein. Die grossen TCM-Zentren haben sich überall ausgebreitet. Auch nahe der Praxis, in der ich die Schwangerschaftsvertretung gemacht habe, hat eines gleich an der Hauptstraße eröffnet. Und all jene, die die Ausbildung in der Schweiz machen, möchten natürlich auch irgendwann arbeiten. Die Ausbildung ist streng und teuer, die Schulen sind voll, das Interesse an TCM ist groß. Sogar die Praxis in Baden, in der Guo war, eine der ersten in der Schweiz, musste nach und nach von neun Ärztinnen auf drei reduzieren. Wer jetzt erst die Ausbildung macht und später davon leben möchte, für den sehe ich nicht rosig. Zwar ist unterdessen alles besser reglementiert als noch während der Zeit meiner Ausbildung und man hat jetzt die Möglichkeit, ein Eidgenössisches Diplom zu erwerben, doch im Endeffekt ändert sich dadurch bisher nichts und wir können trotzdem nicht über die Grundversicherung abrechnen.

Wieder in China

Im nächsten Herbst flog ich mit Laura nach Hongkong, wo wir einige tolle Tage verbrachten. Wir fanden sogar durch dunkle Hintergassen gehend einen Lesbenclub (natürlich hatten wir vorher gegoogelt, sonst wäre er nicht zu finden gewesen) und wollten dort etwas trinken. Die Frauen waren alle sehr jung, und die, die uns einließ, erklärte uns, sie hätten heute einen besonderen Abend, man bezahle einen (relativ hohen) Eintritt und könne dann so viel trinken, wie man wolle. Wir hatten keinesfalls den Wunsch, uns zu betrinken und auch nicht, die ganze Nacht zu bleiben, und schließlich kam die junge Frau uns entgegen und wir konnten einfach nur ein Bier trinken und bezahlen. Bei anderen war sie nicht so einsichtig: Ein junges Frauenpaar, das ebenfalls nicht so einen hohen Eintrittspreis bezahlen und auch nicht so viel trinken wollte, musste wieder gehen. Es war sehr laut, es wurde Karaoke gesungen und eine Unterhaltung war unmöglich, so blieben wir nicht lange. Aber es war doch interessant zu sehen, wie die Frauen hier in Hongkong in einer Art Aufbruchstimmung waren in der Art wie wir in der Schweiz 40 Jahre zuvor. Ansonsten liebten Laura und ich es, einfach durch die Straßen zu flanieren und die Atmosphäre auf uns wirken zu lassen. Es war noch immer sehr heiß, tagsüber 32 Grad und nachts kühlte es gerade mal auf 28 Grad ab. Im Hotel hatten wir eine Klimaanlage, so drückten wir die Temperatur im Zimmer zum Schlafen immerhin auf 23 Grad. Uns fiel auf, dass im Zentrum von Hongkong vor allem junge und gut gekleidete Menschen unterwegs waren. Natürlich gab es auch all die Läden bekannter Marken. Etwas außerhalb begegnete uns das normale Leben, das heißt, hier fanden sich auch ältere Leute. Von Weitem sahen wir Zelte. Laura meinte, da können wir nicht hin, die wohnen da, doch beim Näherkommen sahen wir, dass es Stände mit Esswaren waren. An einem verkaufte eine Mutter mit ihrer Tochter im Teenageralter Äpfel, es waren aber nur noch ein paar wenige schrumpelige da. Wir hätten gerne zwei davon gehabt und fragten nach dem Preis. Die Mutter nannte einen Preis, für den ich sogar in Zürich zwei schöne Äpfel hätte kaufen können. So kramte ich denn mein ganzes Chinesisch hervor und sagte: „Tai gui le!" Zu teuer. Darauf waren die beiden nun gar nicht gefasst und sie fielen fast unter ihren Stand vor Lachen, und danach wollten sie uns für dieses Geld alle Äpfel geben. Wir wollten aber nur zwei, sie nannte einen vernünftigen Preis und als ich ihr dann doch mehr geben wollte, wollte sie es nicht annehmen.

Nach einer Woche flog Laura wieder nach Hause und ich weiter nach Kunming. Inzwischen sind Guo und ich uns so vertraut, dass ich in ihrer Wohnung einquartiert werde und dort auch bleibe. Am Morgen bin ich meistens schon früher wach und mache mir einen Kaffee. Guo ist sehr schnell fertig, um zur Arbeit zu gehen, ich brauche etwas länger. Da die Sonne nicht scheint, gibt es kein warmes Wasser. Guo hatte mir erklärt, dass all die großen Tanks auf allen Dächern (es gibt nur Flachdächer) dazu dienen, das Wasser zu speichern und von der Sonne erwärmen zu lassen. Scheint die Sonne nicht, ist das Wasser kalt. Ich gehe mit ihr zum Spital und helfe ihr, wieder arbeiten wir zusammen. Nun werden auch hier Einwegnadeln verwendet. Der Manager meint, ich müsse bezahlen, wenn ich mit Doktor Guo arbeite, ich wende ein, inzwischen bin ich selber Doktor, doch ich bezahle den Betrag und erhalte dafür ein Dokument, das mir in der Schweiz als Nachweis von Weiterbildung dient. Manchmal, wenn nicht viel los ist, schaue ich mich ein wenig im Spital um und treffe im Raum für Tuinamassage einen etwa 30-jährigen Doktor, der sehr gut Englisch spricht. Er sagt, er hätte dies nur mit ausländischen Studentinnen gelernt, die hier ihr Praktikum machen. Er massiert sehr gut, und er schröpft auch und nimmt dazu große Einmachgläser. Er ist immer ausgelastet und ich sehe ihm gern zu, wenn es bei Guo mal etwas ruhiger ist. In der Mittagspause schickt mich Guo mit einem ihrer Assistenten in die Kantine, um Mittagessen zu holen. Das ist das erste Mal, dass ich überhaupt erfahre, dass es im Spital eine Kantine gibt, und was ich dort sehe, begeistert mich: unzählige Schüsseln mit allen denkbaren Gemüsen, verschiedenem Fleisch und Fisch,

Kartoffeln und so weiter, alles, was das Herz begehrt. Ich stelle mir vor, ich könnte an dem Buffet entlanggehen, mir die Auslage anschauen und wählen. Doch alle die ankommenden Leute bilden sofort eine Traube davor, sodass man erst, wenn man vorrückt, sehen kann, was alles angeboten wird. Wir bringen unsere Beute zu Guo und essen gemeinsam, es schmeckt wunderbar. Als ich Jennifer das nächste Mal begegne, frage ich sie: „Hey, warum hast du mir nie gesagt, dass ihr so eine tolle Kantine habt?" Ich musste an meinen ersten Aufenthalt denken, als ich oft nicht wusste, was ich essen soll. „Ich habe nicht gedacht, dass unsere Kantine etwas für Europäerinnen ist."

Am Wochenende fahren wir aufs Land, um Birnen zu pflücken, und noch nie habe ich so wunderbare Birnen gegessen, so saftig, knackig und mit einem unvergleichlichen Geschmack, ich träume noch heute davon. Guo hilft der Bäuerin auch gleich beim Bohnen ausnehmen. Beim Spazieren durch ein Dorf spricht mich eine alte Frau an und hält einen Finger hoch. Ich verstehe, dass sie gern einen Yuan von mir hätte. Wir bleiben etwas hinter den anderen zurück und ich gebe ihr 5 Yuan, bevor ich zu Guo und ihrem Mann aufschließe. Sie ruft mir einiges hinterher, und ich gehe mal davon aus, dass sie mir nur Gutes wünscht und denke später, ich hätte auch mehr geben können, denn was sind schon 5 Yuan, etwa 40 Rappen. Danach fahren wir noch zu einer ehemaligen Kommilitonin von Guo, die sie, so kommt es mir vor, wie jede Chinesin überall in China und auch überall auf der Welt hat. Die Frau wohnt in der Nähe eines Sees, und wir gehen dort baden. Das Wasser sieht sauber aus, doch nach dem Bad rötet sich meine Haut und juckt. Den anderen macht es nichts, und nach einer Weile ist der Spuk wieder vorbei. Am Abend hilft Guo beim Kochen, und ich sehe sie in der sehr geräumigen Küche aus Kartoffeln feine Stäbchen schneiden und anbraten. Das freut mich sehr, weil ich weiß, dass sie das für mich macht, etwas Rösti-Ähnliches. Wir übernachten dort, und beim Zähneputzen werde ich angehalten, sparsam mit dem Wasser zu sein. Ich nehme mir das zu Herzen, doch schon beim ersten schwachen Wasserstrahl greift die Gastgeberin fast schon panisch ein.

Ich gehe auch zu Hause nicht verschwenderisch mit Wasser um und weiß es sehr zu schätzen, dass wir einfach den Hahn aufdrehen können und es kommt unbeschränkt Wasser, sogar warmes, aber hier herrscht wirklich Wassermangel.

Während meines ganzen Aufenthaltes sind wir ständig eingeladen, einmal von einer von Guos Patientinnen. Sie hat in einem vornehmen chinesischen Restaurant einen kleinen Saal mit einem großen runden Tisch darin reserviert. Auf die drehbare Scheibe in der Mitte werden unzählige Speisen aufgetragen, ein Festessen. Mittendrin verschwindet die Gastgeberin mit der Erklärung, sie hätte in einem anderen Raum noch andere Gäste. Ich frage Guo, ob das üblich ist in China, sie verneint und meint, es sei nicht ganz normal und etwas wichtigtuerisch. Wir machen auch Ausflüge mit ihren Eltern und ihrem Mann. Guo erklärt mir, in China müsse man ein großes Auto haben, ein Smart wie Laura ihn fährt gehe hier nicht, denn wenn man ausfahre, nehme man die ganze Familie mit. So fahren wir einmal zu einer riesigen Grotte. Der Weg zu Fuß hindurch dauert zwei Stunden, es ist die grösste Grotte, die ich je gesehen habe, und manchmal kann man am Ende noch ein Schiff besteigen, aber an jenem Tag war der Wasserstand zu hoch. Am Ausgang bringt uns ein Sessellift wieder zum Parkplatz zurück. Auf dem Nachhauseweg halten wir an einem Markt. Wir schauen uns die Stände an und Mama kauft einen Kohl. Beim Einsteigen ins Auto erklärt mir Guo: „Mama wollte noch einkaufen, und nun hat sie nur diesen Kohl gekauft."

An einem anderen Tag besuchen wir einen Bruder ihres Mannes mit seiner Familie. Sie leben auf dem Land und führen einen Laden, der mir ziemlich chaotisch vorkommt. Hinter dem Laden befindet sich ihr Wohnzimmer, in welches wir nun gebeten werden und welches mir auch eher schäbig erscheint. Es sieht aus wie eine Garage, und der Putz bröckelt von den Wänden. Schnell wird der niedrige Glastisch abgeräumt und bald schon wird Essen aufgetragen. Ich frage Guo, warum sie denn nicht wenigstens die Wände ein bisschen anstreichen. Guo antwortet: „Vielleicht haben sie es gerne so." Schon wieder habe ich etwas gelernt: Jeder Mensch hat seine eigenen Vorstellungen von Schönheit und Glück, man kann nicht seine eigenen Vorstellungen anderen überstülpen. Und dasselbe gilt für die chinesische Regierung: Wir im Westen haben das Gefühl, dass alle Chinesinnen unterdrückt, überwacht und unglücklich sind. So habe ich das während meiner Zeit dort nicht empfunden. Und ich empfinde auch die chinesischen Frauen als sehr taff. Einmal habe ich drei ältere Frauen beobachtet, die zwei Polizisten massiv beschimpften, die Polizisten standen nur da und haben zugehört. Natürlich bin auch ich mit europäischen Vorstellungen nach China gekommen und die Einstellung der Chinesinnen zu ihrer Regierung hat mich interessiert. Ich frage Guo danach, warum Mao immer noch verehrt wird, und sie erklärt mir, dass er die Japaner aus China vertrieben habe, die damals schlimm gewütet hätten.

Da die Sonne immer noch nicht hervorkommt, fährt Guo mit mir in ein SPA auf chinesische Art, etwas außerhalb von Kunming. Der Eintritt ist für chinesische Verhältnisse teuer, 100 Yuan. Dann erhalten wir als Erstes so etwas wie einen Pyjama, mit kurzen Ärmeln und Beinen, welches wir anzuziehen haben. Alle Anwesenden tragen es, die Frauen in Rot und die Männer in Blau; es sieht lustig aus. Für den Eintritt ist man berechtigt, 24 Stunden zu bleiben. Wir kommen in eine große Halle, hier stehen reihenweise komfortable große Liegestühle, Fauteuils eigentlich, die man als Bett herunterlassen kann. Jeder mit einem Fernseher ausgestattet wie im Flugzeug. Kaum setzt man sich auf einen, kommt schon das Personal und bringt einem Decken, Kissen und Getränke. Viele der Liegestühle sind besetzt mit schlafenden oder fernsehenden Menschen, zum Teil ertönt leises Schnarchen, sonst ist es ruhig. Wir machen es uns gemütlich, und schon bald heißt es, das Mittagessen sei aufgetragen, man könne sich am Buffet bedienen. Es ist ein sehr reichhaltiges Buffet und wir tun uns gütlich daran. Nachdem wir anschließend ein bisschen gedöst haben, schaut Guo fern und ich gehe mir die untere Etage anschauen. Hier gibt es ein kleines Wasserbecken, eine Sauna und viele Duschen mit Warmwasser. Sauna gehört für mich bei SPA dazu und ich betrete sie. Hier und auch im Wasserbecken ist niemand. Die

Sauna hat durchsichtige Wände, an einer Außenseite ist ein großer Fernseher angebracht und kaum setze ich mich hin, kommt eine Angestellte und schaltet ihn ein. Ich winke ab, die Angestellte kann es kaum glauben und es braucht einiges, um ihr begreiflich zu machen, dass ich nicht fernsehen will. Durch die andere Scheibe sehe ich zu den Duschen. Hier ist alles voll besetzt, es herrscht reger Betrieb. Auch viele Mütter sind mit ihren Kindern gekommen, seifen sie von oben bis unten ein und alle freuen sich an dem warmen Wasser. Später gelange ich mit einem Lift wieder in die Etage, in der Guo liegt und schon als die Tür des Aufzugs sich öffnet, empfängt mich eine Angestellte und bringt mich zu Guos Liegestuhl. Schon bald wird eine kleiner Snack aufgetragen, vor allem viele Früchte, und nach weiterem Dösen, bei dem wir immer fauler werden, kommt wieder ein Buffet mit Abendessen. Guo meint, wir können auch hier schlafen, doch schließlich machen wir uns so gegen 9 Uhr dann doch auf den Heimweg. Wirklich ein SPA der besonderen Art und ein Erlebnis!

Guos Bruder ist Staatsangestellter, Chef einer kleinen Gemeinde. Einmal sind wir in seinem Büro zum Mittagessen eingeladen, es sind noch einige andere Politiker dort und auch noch ein paar Gäste. Wir sitzen um einen großen rechteckigen Tisch herum, Speisen werden aufgetragen und vor allem wird viel Schnaps getrunken. Bald lallen einige der Politiker nur noch, und sie lästern über den Präsidenten. Doch nicht auf die Art, wie wir uns das vorstellen würden, sondern sie finden ihn schwach, weil er gegen Japan nicht endlich durchgreift wegen der umstrittenen Inseln.

Dann kommt das Mondfest, und die ganze Familie trifft sich bei Guos Eltern zum Essen. Ich habe Guos Mutter ein großes Wolltuch für die Schultern mitgebracht, das kommt gut an. Es gibt Wachteleier, Rindfleisch, Reis natürlich und alles Mögliche, und es gibt Hühnerfüße. Schon habe ich so eine Kralle auf meinem Teller. Ich weiß nicht, was ich damit machen soll und bin etwas hilflos. Später frage ich Guo, und sie erklärt mir, man esse die Häutchen zwischen den Krallen, die gelten als Delikatesse. Guo bemerkt mein Erstaunen und meint, an unseren Artischocken sei ja auch nur ganz wenig dran.

Guo und ihre Familie haben ein Abo bei einem Friseur, wir gehen alle dorthin und Guo meint, ich könne mir die Haare schneiden lassen. Nach einigem Zögern lasse ich mich überreden und lege mich auf einen Friseurstuhl, mit dem Gedanken, dass die Haare wieder wachsen werden. Man liegt tatsächlich auf dem Stuhl, so bequem hatte ich mir die Haare noch nie schneiden lassen. Doch das Resultat war dann schon so, dass ich zu Hause bald wieder zum Friseur ging.

In Kunming hat ein neues europäisches Restaurant eröffnet, und an meinem letzten Abend gehen wir dorthin. Es gibt ein Buffet und alles schmeckt sehr gut, wie zu Hause. Ich nehme auch vom grünen Salat, der noch recht nass ist vom Waschen. Das ist ein Fehler, denn die ganze Nacht habe ich arge Bauchkrämpfe. Und am nächsten Morgen geht es bereits wieder in Richtung nach Hause. Dieses Mal fliege ich über Peking, dort am Flughafen finde ich Zwieback, genau das Richtige für meinen Bauch.

Achte auf deine Gedanken

Mit Freude nahm ich die Arbeit in meinen beiden Praxen wieder auf. Es lief sehr gut, vor allem vor den Ferien wollten alle noch kommen und natürlich auch jetzt, da ich eine Weile weg gewesen war. Ich hatte Patientinnen jeden Alters. Konsultationen wegen Schmerzen waren natürlich die häufigsten, dafür ist die Akupunktur bekannt und die Wirkung am besten wissenschaftlich nachgewiesen. Das ging von Kopfschmerzen bis Fersensporn und alles dazwischen. Bei Fersensporn versuchte ich, die genaue Stelle zu spüren und beim Einstechen, während dem die Patientin tief ein- und dann ausatmete, genau auf den Sporn zu treffen und setzte dann ein Moxahütchen auf die Nadel. Meist half es, aber es brauchte ein paar Behandlungen und sie waren ein bisschen schmerzhaft, aber mit dem gleichzeitigen Atmen war es gut auszuhalten, und war die Nadel erst mal drin, merkte man nichts mehr davon. Das gilt für alle Punkte, aber nur, solange sich die Patientin nicht bewegt. Sitzt eine Nadel plötzlich ganz schief, kann man davon ausgehen, dass dort ein Muskel bewegt worden ist. Es kann auch vorkommen, dass eine Nadel völlig verklemmt ist und man sie nicht entfernen kann. Hier hilft warten oder/und sie mit dem Finger ein wenig anschnippen. Oft behandelte ich auch Leute mit psychischen Störungen wie Depressionen, Burn-out oder Panikattacken, auch mit Schlaf- oder Verdauungsstörungen, Tinnitus oder Schwindel, Heuschnupfen und Hautallergien. Die meisten Leute kamen gern zu mir, ich hatte sogar schon zu hören bekommen, der Besuch bei mir sei das Highlight der Woche. Immer war ich, während ich behandelte, ganz auf mein Gegenüber eingestellt, mit meiner ganzen Aufmerksamkeit und oft, wenn die Patientin, schon behandelt an ihrer hinteren Seite, auf dem Bauch lag, gab ich ihr ein Reiki, mit dem ich universelle Liebe durch meine Hände in die Patientin einfließen ließ. Darüber sprach ich nicht, ich machte es quasi heimlich, Liebe kann nie schaden und gibt ein positives Gefühl, auch für mich. Ich versuchte, nie und über niemanden irgendein

Urteil zu fällen, auch wenn ich merkte, dass zum Beispiel nicht viel Intelligenz vorhanden war. Ich bin der Überzeugung, dass Gedanken Schwingungen sind, die von anderen Menschen aufgenommen werden. Dass man an jemanden denkt und kurz darauf dieser Mensch einen anruft, haben sicher alle schon erlebt. Einmal dachte ich von einer Frau (nicht in der Praxis, sondern in einem Tanzkurs): „Die ist jetzt aber auch herzig", da hat sie mich so überrascht angeschaut, als hätte ich es laut gesagt. Ich denke, wenn wir uns in Telepathie schulen würden, wäre noch vieles möglich und vielleicht würden wir dann keine Handys und all diese Antennen mehr brauchen. Ich bin keiner Religion zugehörig, Fanatismus und Rechthaberei sind mir ein Gräuel; ich denke aber, in jeder Religion lassen sich immer gültige Sätze und Gutes finden, aber alles wurde einst von Menschen geschrieben und widerspiegelt auch die damalige Zeit. Hier in Zürich hängen immer mal wieder große Plakate mit Bibelsprüchen, zurzeit hängt eines mit der Aussage ‚Achte auf deine Gedanken'. Diesen Spruch finde ich wirklich gut und er könnte ebenso gut vom Dalai Lama sein. Diese Aussage nehme ich mir zu Herzen, nicht nur bei der Arbeit, sondern im ganzen Leben, im Kleinen wie im Großen. Wenn ich bei der Arbeit einmal dachte, jetzt wird es mir ein bisschen zu viel, dann hat bestimmt innerhalb der nächsten Stunde jemand angerufen und den Termin abgesagt. Was mich manchmal ärgerte, war, wenn mir jemand absagte mit der Begründung: „Ich muss zum Arzt." Denn umgekehrt würde wohl niemand dem Arzt absagen mit der Begründung, zur Akupunktur zu müssen. Natürlich, wenn ein Arztzeugnis gebraucht wird, habe ich Verständnis, und wo ich kein Verständnis habe, würde ich dies nie zeigen, denn dies ist nicht mein Recht, aber hier sieht man die ganz andere Rangordnung als in China, und manchmal nervt es echt.

Wechseljahre

Schon oft hatte ich in meiner Praxis mit Frauen mit Wechseljahresbeschwerden zu tun. Etwa ein Drittel der Frauen leidet stark während jener Zeit. Andere kommen wegen anderen Beschwerden und wenn sie im entsprechenden Alter sind, oder auch schon darüber, frage ich nach. Schweißausbrüche, Stimmungsschwankungen, Schlafstörungen und so weiter können manchmal noch lange anhalten, zum Teil bis ins hohe Alter. Jedenfalls behandle ich diese Beschwerden immer mit. Meistens kann die Akupunktur gut helfen, die Anzahl der Behandlungen, die es braucht, ist sehr unterschiedlich. Einmal erlebte ich, dass bereits nach zwei Behandlungen die Beschwerden weg waren und die Patientin nicht mehr gekommen ist. Meist braucht es aber mehr dazu. In der Praxis kann man über alles reden, aber im Privatleben merkte ich, dass es vielen Frauen peinlich ist, über Wechseljahresbeschwerden zu sprechen. Früher hatte ich die Vorstellung, Wechseljahresbeschwerden betreffen vor allem Frauen, die Mühe damit haben, älter zu werden, die vielleicht psychische Probleme haben, weil die Kinder flügge werden, weil der Mann sich eine Jüngere nimmt usw. Nie im Leben hätte ich erwartet, persönlich damit konfrontiert zu werden. Meine Mutter merkte wenig von der Umstellung, ich freute mich aufs Älterwerden und hatte nicht im Entferntesten damit gerechnet, was mich plötzlich überfiel. Von einem Tag auf den anderen hörte die Periode auf und die Hitzewallungen begannen, und zwar massiv. Mindestens einmal pro Stunde floss es aus mir heraus und dampfte und tropfte, und dies Tag und Nacht. An Schlaf war kaum noch zu denken. In der Nacht konnte eine Wallung bis zu einer halben Stunde andauern, und wenn sie vorbei war und ich mich getrocknet hatte, fror ich bis auf die Knochen, dies nochmals eine halbe Stunde und als es dann endlich gemütlich wurde im Bett und ich mich entspannen konnte, ging es von vorne los. Natürlich behandelte ich mich mit Akupunktur, ohne Erfolg. Ich versuchte auch sämtliche pflanzlichen Mittel, einzig Cimifemin verschaffte mir für etwa drei Monate Erleichterung, dann ging es wieder los und als nichts mehr half, begann ich schließlich, Hormone zu nehmen. Meine Frauenärztin war ganz begeistert, als ich wiederkam und mitteilen konnte, dass die Wallungen weg waren. „Sehen Sie, Hormone sind halt doch etwas Gutes." Die Begeisterung hielt aber nicht lange an, denn durch die Hormone waren in meiner Gebärmutter Myome gewachsen, so viele und große, dass sich die Gebärmutter auf ihre doppelte Größe ausgedehnt hatte. So stand ich wieder da, ratlos und ohne Hilfe, denn selbstverständlich hatte ich die Hormone sofort wieder abgesetzt, worauf natürlich alles wieder von vorne begann. Nicht einmal eine Empfehlung von Ralf half mir: Er schlug eine Kräutermischung vor, die nach seiner Erfahrung bei 80 % aller Frauen gut hilft: 20 g Salbei, 20 g Hopfen, 30 g Frauenmantel, 20 g Walnussblätter, 20 g Weißdorn und 10 g Lavendel. Von der Mischung einen Esslöffel mit einem halben Liter Wasser übergießen und zehn Minuten ziehen lassen; schmeckt sehr gut, aber auch hier gehöre ich zu den anderen 20 %. Die Chinesische Medizin erklärt Hitzewallungen so: Schwaches Yin kann Yang nicht mehr halten, das Yang steigt nach oben. Yin stärken mit Sesam, Knochenmark, Hirse, Gerste. Yin und Yang harmonisieren mit den Punkten Lunge 7, Dünndarm 3, Niere 7, Dickdarm 4 und Herz 5, bei großer Erschöpfung die Nadeln nur kurz drinlassen + Niere 3. Ralf empfiehlt außerdem Mistel, einen Esslöffel auf eine Tasse kaltes Wasser und über Nacht ziehen lassen, oder einen Teelöffel Süßholz auf eine Tasse Wasser 20 Minuten köcheln. Ich schreibe dies für all diejenigen, denen noch zu helfen ist. Und natürlich Leber Qi Stagnation auflösen (dies gilt auch bei jeder Suchtbehandlung). Viele Frauen, die Probleme mit den Wechseljahren haben, nehmen jedoch Hormone und vertragen sie meist gut; das kann man dann so stehen lassen.

All dies hatte mich sehr viel Energie gekostet und manchmal schleppte ich mich nur noch durch die Tage. Während der Arbeit war ich immer noch konzentriert, wurde aber vergesslicher. Einmal passierte es mir, dass ich die Karteikarte einer Patientin, die erst einmal bei mir in Behandlung war, zu Hause vergessen hatte und nicht mehr wusste, was ihr fehlte. Ich versuchte, es aus ihr herauszulocken mit Fragen wie: „Wie ist es gegangen?“ „Es ging sehr gut, ich habe mich wirklich besser gefühlt.“ Und so ging es hin und her, bis sie endlich etwas sagte, was mich auf die Fährte ihrer Beschwerden führte.

Unterdessen wurde die Konkurrenz immer größer, mehr Chinesinnen kamen nach Wohlen und standen in Villmergen vor dem Supermarkt, um für ihre Praxis Werbung zu machen, dies obwohl meine Praxis nur ein paar Meter entfernt war. Aber auch andere Akupunkteurinnen eröffneten Praxen in der Nähe, auch ein Akupunkteur, der in Villmergen aufgewachsen war und daher viele Leute kannte. Zudem setzte mir die Situation meiner Eltern immer mehr zu: Die Alzheimererkrankung meiner Mutter verschlechterte sich zusehends, und mein Vater wollte sie partout nicht in ein Heim gehen lassen, obwohl er der Lage keineswegs gewachsen war. Das ging so weit, dass Leute vom Haus, in dem sie wohnten, und dann sogar die Verwaltung mich anriefen, um mir zu sagen, so gehe es mit meinen Eltern nicht mehr weiter. Doch erst, als mein Vater selber einen Zusammenbruch hatte, konnte meine Mutter in ein Heim gehen, wo es ihr auf jeden Fall besser ging als zu Hause, wo sie jederzeit im Garten spazieren und doch nicht fortlaufen konnte und wo man sich liebevoll um sie kümmerte. Jedenfalls, ja, Stress hatte ich schon. Ich hörte dann von bioidentischen Hormonen und probierte sie aus. Nach Speichel- und Bluttest erhielt ich sie in Tablettenform. Sie halfen ein wenig, ich konnte zwischen den Wallungen ein bisschen schlafen, aber ich erwachte immer noch etwa fünfmal, und dann fing mir ein Bein zu schmerzen an. Ich teilte dies meiner Ärztin mit, sie riet mir, zu einem Osteopathen zu gehen. Doch zuerst las ich nun einmal die Packungsbeilage. Dort stand, dass, wenn man Beinschmerzen bekomme, man das Mittel sofort absetzen solle. Diese Information stärkte nicht unbedingt mein Vertrauen in diese Ärztin. Ich erhielt daraufhin die bioidentischen Hormone in Form von Salbe. Obwohl der Nutzen nicht sehr groß war, war es besser als nichts. Aber die Myome verschwanden natürlich nicht, die Frauenärztin fand, Hormone sind Hormone, ob bioidentisch oder nicht. Ich probierte auch immer mal wieder chinesische Kräuter, auch westliche, Bioresonanz und Homöopathie, und natürlich behandelte ich mich selbst weiterhin, alles tat mir gut, aber nichts half wirklich. Auch die Punkte Herz 6 und Nieren 7, bekannt gegen Nachtschweiß, hatten bei mir keine Wirkung, nicht einmal als ich Dauernadeln draufklebte. Schlafentzug wird als Folter eingesetzt, und so fühlte ich mich: gefoltert. Als ich bei einem Theaterbesuch in der Pause auf die Toilette ging und plötzlich nicht mehr wusste, wo ich war, bekam ich so große Bedenken, dass auch bei mir nun eine Demenz beginnt, dass ich ein MRI von meinem Kopf machen ließ, welches aber keinen außergewöhnlichen Befund zeigte. Bei einer Weiterbildung über Wechseljahre kam ich mit einer anderen Therapeutin ins Gespräch. Ich sagte: „Ich kämpfe noch!" und sie meinte: „Du musst die Wallungen nicht bekämpfen, sondern akzeptieren." Diesen Rat anzunehmen fiel mir schwer, manchmal hasste ich meinen Körper regelrecht, der mir so übel mitspielte und sich immer, auch sofort nach einer Dusche, etwas klebrig anfühlte. Dennoch versuchte ich, in mich zu gehen, meinen Körper zu fragen, was er denn bräuchte, meditierte wieder vermehrt und ging ins Yoga. Ich versuchte, Stress abzubauen, alles ruhiger zu nehmen, das Haus rechtzeitig zu verlassen, wenn ich zu einer bestimmten Zeit irgendwo sein musste, und im Moment zu Leben. Doch erst nach über acht Jahren schierer Verzweiflung hatte ich eine Akupunktur- und Kräutertherapeutin gefunden, die immer zuversichtlich geblieben war, das Richtige für mich noch zu finden, obwohl ich manchmal Zweifel hatte, dass dies für mich überhaupt existierte. Nach beinahe einem Jahr Behandlung, während der sie die Mischung immer wieder geändert hatte, hatte ich nur noch Beschwerden im normalen Rahmen, etwa wie Frauen im mittleren Drittel der Beschwerdeskala. Damit konnte ich leben. Ich nahm die Kräuter, konnte sogar die bioidentischen Hormone absetzen und war sicher, dass nun auch die Myome verschwinden würden. Doch ganz weg gingen die Wallungen dann doch nicht, wurden zwischendurch wieder mehr und nervten mich erneut zusehends. Es war zu lange, meine Geduld am Ende und dennoch war ich der Überzeugung, der Geist müsste doch den Körper beherrschen können. Vor einiger Zeit hatte ich es einmal mit Hypnosetherapie versucht. Ich hatte die Idee, die Therapeutin könne vielleicht die Wallungen weghypnotisieren. Sie war sehr nett und machte das auf ihre Art gut, es war aber nicht ganz mein Ding, jetzt wieder die Kindheit aufzuarbeiten, mit einem leeren Stuhl zu sprechen und auf Kissen einzuschlagen. Und sie war jung; was ja kein Fehler ist, aber ein Fehlen an Lebenserfahrung. Nun kam mir eine Therapeutin wieder in den Sinn, bei der ich vor mehr als 30 Jahren über längere Zeit in Behandlung war. Ich schaute im Internet nach und fand sie tatsächlich immer noch praktizierend am selben Ort. Freudig meldete ich mich an, sie erinnerte sich an mich und es ist ungemein hilfreich, zu jemandem zu gehen, der einen schon kennt. Nach dem ersten Mal hatte ich große Freude, nach der zweiten Konsultation fühlte ich mich sehr erleichtert, ein Gefühl, als würde es endlich aufwärts gehen und vor allem fühlte ich mich ganz und gar verstanden.

Wenn man im Internet googelt, findet man schnell heraus, dass über die Entstehung von Hitzewallungen überhaupt keine Klarheit herrscht. Natürlich, ein Hormonungleichgewicht, aber was passiert dabei genau im Körper? Die Produktion der Sexualhormone lässt ja bei allen Frauen nach, warum sind die Beschwerden so unterschiedlich? Sind sie so wenig erforscht, weil sie ja ‚nur' Frauen betreffen? Oder weil man weiß, irgendwann geht es sowieso vorbei? Aber –acht bis zehn Jahre sind eine lange Zeit der Folter. Gegen die Vergesslichkeit, die mit Schlafmangel zu tun hat, helfen gut (sogar mir) Herz 7 und Du mai 20, auch bei Demenz. Tatsächlich habe ich bemerkt, dass ich mich sofort besser erinnere (zum Beispiel wo ich was hingelegt habe) wenn ich mir diese drei Punkte steche. Ralf empfiehlt außerdem, den Chong mai, den Du mai und den Ren mai zu öffnen und die Schüsslersalze Nummer 3 und 9. Aber auch Schüsslersalz Nummer 5 hilft manchmal gut.

Skype

Nach wie vor skypen Guo und ich fast jeden Sonntag, ich sehe sie öfter als die meisten meiner Freundinnen in der Schweiz. Natürlich erzähle ich ihr auch von meinen Schwierigkeiten mit den Wechseljahren. Sie gibt mir verschiedene Ratschläge, aber vor allem sagt sie: „Must happy!“ Ich versuche es, gehe in mich, eruiere störende Gefühle und Stress, komme schönen Gefühlen auf die Spur; und schon bin ich wieder pitschnass.

Mit dem Zeitunterschied ist es bei ihr Abend, bei mir Nachmittag, manchmal im Winter kommt sie von einem Spaziergang nach Hause, weil es draußen wärmer ist als im Haus, manchmal auch von einem Ausgang. An einem Tag, als sie zu einer Hochzeit eingeladen war, erzählte sie mir, es gäbe in China spezielle Räume für Hochzeiten, denn es würden jeweils etwa 1000 (tausend) Gäste eingeladen. Seit unserem letzten Treffen sind einige Jahre vergangen, inzwischen ist viel passiert. Erst ist meine Mutter gestorben, dann ihre, ohne große Worte haben wir Anteil genommen, waren da, vor dem Skype, haben mitgefühlt. Etwas außerhalb von Kunming wurde ein neues modernes Spital gebaut, dazu riesige Hochhäuser mit Wohnungen für die Angestellten und Guo war die erste der Akupunktur-Ärztinnen, die dorthin versetzt wurde. Am Anfang hatte sie noch wenig zu tun. Inzwischen kommen viele Patientinnen, und sie hat Unterstützung erhalten, der goldene Fisch arbeitet jetzt mit ihr zusammen. Es dauert nun nicht mehr lange bis zu ihrer Pensionierung, sie freut sich darauf. Die Frauen werden in China mit 55 Jahren pensioniert, die Männer mit 60. Bei uns wurde ja das Pensionsalter der Frauen schrittweise dem der Männer angeglichen, scherzhafte Begründung: ‚Da die Frauen immer noch weniger verdienen als die Männer, dürfen sie dafür länger arbeiten.‘ Begründung in China auf meine Nachfrage hin: ‚Die Männer haben stärkere Körper.‘ Ihr Manager kam einmal zu ihr und meinte, sie werde wohl länger arbeiten müssen und schließlich sei das Pensionsalter in Europa viel höher und auch in China würden die Leute nun älter. Sie freute sich, dass sie hier Paroli bieten konnte, da sie wusste, dass die Menschen in Europa auch Teilzeit arbeiten können und viele, mehrheitlich Frauen, dies auch tun; nicht wie in China, wo das Pensum immer 100 % ist. Inzwischen lerne ich nun auch schon beinahe acht Jahre Chinesisch, allerdings im Selbststudium, und ich muss sagen, ich kann immer noch nicht sehr viel. Aber ich verstehe nun die Unterschiede der Sprachen besser und dadurch ihre Schwierigkeiten mit dem Englisch. Oft übersetzt sie 1 : 1 vom Chinesischen ins Englische, so wie wir es manchmal vom Schweizerdeutsch ins Hochdeutsch machen, aber durch meine kleinen Chinesisch-Kenntnisse kann ich nun besser nachvollziehen, was sie meint. Die Chinesinnen, die hier in der Schweiz sind, sprechen mit uns, wenn sie auch nur ein bisschen Deutsch oder Englisch können, leider nicht Chinesisch, und so komme ich selten zum Üben. Und Guos Englisch ist immer noch besser als mein Chinesisch, sodass wir uns meist in Englisch unterhalten. Einmal informiert sie mich, am kommenden Wochenende nicht skypen zu können, sie sei als Delegierte ihres Spitals zu einem Treffen eingeladen, an dem aus ganz China aus allen großen Firmen und Staatsbetrieben Delegierte teilnehmen, um sich über die Politik der Regierung auszutauschen und Anregungen einzubringen. Dies erschreckt mich zunächst ziemlich, hatte nicht Mao dies ebenso gemacht und diejenigen, die etwas zu sagen wagten, danach schwer bestraft? Ich lege ihr ans Herz, aufzupassen, aber sie macht sich keine Sorgen, lacht, meint, sie wolle vor allem einbringen, dass für die Armen auf dem Land besser gesorgt werden müsse. Nach diesem Treffen war sie wieder da und auch alle Sonntage danach, und als ich dann in unseren Nachrichten hörte, Xi Jinping habe die Armutsbekämpfung in China zur Chefsache erklärt, begann ich langsam Vertrauen zu fassen in den chinesischen Präsidenten. Einmal las ich über ihn, seine Eltern seien damals ebenfalls, mit vielen anderen, deportiert worden. Anstatt in Hass und Zorn zu verfallen, habe er sich geschworen, der Größte der Partei zu werden, was ihm gelungen ist. Guo hatte sich politisch immer eher konservativ gezeigt, indem sie zum Beispiel fand, wenn man so ein riesiges Land nicht im Griff hätte, würde das komplette Chaos ausbrechen. Als ich nun aber mein aufkommendes Wohlwollen gegenüber ihrem Präsidenten kundtat, winkte sie ab, er sei genauso machtgierig wie Mao. Und das Wohlwollen ist schnell wieder dahin, wenn man dann hört, wie er nachweislich mit Minderheiten und Andersdenkenden umgeht. Einerseits finde ich das System der direkten Demokratie in der Schweiz das wohl beste weltweit, andererseits gehen Veränderungen dadurch extrem langsam vor sich, so langsam, dass es manchmal schon eine Schande ist. Es ist doch zum Beispiel kaum zu glauben, dass wir das Frauenstimmrecht erst seit 1971 haben und dass es noch bis 1985 im Eherecht hieß, ‚die Frau ist dem Manne untertan'. Und jetzt warten wir immer noch auf die Ehe für gleichgeschlechtliche Paare, die sogar von streng katholischen Ländern schon längst eingeführt worden ist.

Im Gegensatz dazu China: Wenn Xi bestimmt, dass der Abfall getrennt werden muss, wird es sofort in ganz China umgesetzt. Oder er beschließt eine Toilettenrevolution und in ganz China werden die alten durch moderne Toiletten ersetzt, sogar mit WC-Papier und Gesichtserkennung für die, die es einpacken.

Guos Sohn Qi Sejie

Bei einem weiteren Skype-Treffen teilt Guo mir mit, dass ihr Sohn Qi Sejie, der letztes Mal wegen seines Studiums nicht mitkommen konnte, um Guo in der Schweiz zu besuchen, nun, da er als Informatiker arbeitet, gerne mit ihr die Schweiz kennenlernen möchte. Er ist inzwischen 27 Jahre alt und das freut sie sehr. Sie findet, sie sollte mit ihm reisen, solange er noch mit Mama reisen will. Ein Touristenvisum zu erhalten, ist nun bedeutend einfacher geworden, sie brauchen nicht mehr so weit zu reisen und so lange am Ort darauf zu warten, denn in Guang Zhou gibt es ein französisches Konsulat, in dem sie ein Schengen Visa erhalten.

Inzwischen hatte ich meine schöne Praxis aufgegeben. Ich hatte mich mit der Zeit oft überlastet gefühlt und manchmal wurde mir alles zu viel. Behandeln freute mich zwar immer, aber ich mochte nicht mehr putzen, keine Werbung mehr machen und alles drum herum, und überhaupt hätte ich gern mehr freie Zeit gehabt. So sind denn auch die Patientinnen immer weniger geworden, und nun bin ich nur noch einen Tag pro Woche in Villmergen, zur Untermiete in der Praxis einer Masseurin. Somit sind die Kosten natürlich auch gesunken und ich kann alles etwas gelassener nehmen. Die Möglichkeit, ein Eidgenössisches Diplom als Naturheilpraktikerin zu erwerben, nutze ich nicht, obwohl ich wegen meiner langen Erfahrung den größten Teil der Prüfungen weglassen könnte und nur eine Arbeit schreiben müsste. Aber ich bin nun über 60 und ein Diplom mehr oder weniger macht für mein Leben keinen Unterschied, auch nicht für meine Arbeit. Von Anfang an, seit ich mit Akupunktur begonnen hatte, hatte ich jeden einzelnen Punkt der Behandlung aufgeschrieben, und wenn ich jetzt meine Unterlagen von damals anschaue, muss ich sagen, ich würde es wieder genauso machen. Die fehlende Erfahrung hatte ich mit guter Vorbereitung wettgemacht. Jetzt habe ich die Erfahrung und das Wichtigste ist mir nicht eine schöne Webseite und möglichst viel Geld zu verdienen, sondern die Patientinnen, die zu mir finden (auch ohne zeitgemäße Webseite; ich erhalte immer wieder Anrufe, sie sei veraltet), gut zu behandeln. Ich glaube, dass alles, was geschieht, einen Sinn hat, und wenn jetzt weniger Patientinnen zu mir kommen, passt das zu meiner jetzigen Lebenssituation. Doch so langsam kann ich mich erholen und mein Vater, der mich extrem gestresst hat, ist endlich im Pflegeheim und, entgegen aller seiner vorherigen Aussagen, sogar zufrieden dabei. Ich kann mich wieder freuen und weiß, dass das kommende Jahr ein ganz tolles werden wird. Aber erst mal freue ich mich auf den Besuch von Guo und Qi Sejie. Sie landen in Paris, ich hole sie am Flughafen ab und wir verbringen dort drei Tage. Die Lage der Wohnung, die ich für uns über Airbnb gebucht habe, ist perfekt: ruhig, nicht weit vom Flughafen (wobei ‚nicht weit' in Paris immer noch fast eine Stunde Fahrt bedeutet), die Metro gut zu Fuß erreichbar. Natürlich will Qi Sejie alles sehen, sie besuchen den Louvre, fahren den Eiffelturm hoch und nach Versailles. Ich kenne das alles und gehe nicht mit, es sind mir dort viel zu viele Leute, ich habe keine Lust, stundenlang anzustehen. Ich war schon ab und zu in Paris, aber so viele Leute habe ich hier noch nie gesehen. Paris hat zu der Jahreszeit, es ist Ende Oktober, nichts von der Gemütlichkeit, die wir im Sommer hier erlebt haben. Aber die Stadt anzusehen und durch die verschiedenen Quartiere zu spazieren, bin ich gern bereit, und obwohl wir in unserem Domizil eine Küche haben, besuchen wir verschiedene Restaurants. Ein chinesisches Restaurant ist uns nie begegnet, aber Qi Sejie ist auch in dieser Hinsicht genau so aufgeschlossen wie seine Mutter und probiert alles, er ist ein junger Mann und isst gern. Guo hat eine Großzügigkeit, die ich so zuvor bei ihr noch nicht erlebt habe. Ich frage Qi Sejie, wie das für ihn war damals, als seine Mutter für zwei Jahre in die Schweiz ging. Er meinte, für ihn war das o.k., aber seine Mom hätte wohl mehr Probleme damit gehabt. Doch sei es jetzt so, dass sie, wenn sie in China ist, Heimweh nach der Schweiz hätte. Und natürlich hat Qi Sejie einen Studienkollegen in Paris, den er besucht. Am vierten Tag fahren wir mit dem Auto nach Zürich. Guos Sohn ist ein ausgesprochen hübscher und anständiger junger Mann geworden. So wie Guo kann er sich in jeder Gesellschaft bewegen.

An einem Abend sind wir bei chinesischen Kolleginnen von ihr eingeladen, und auch zwischen all diesen um einiges älteren Leuten scheint er sich wohlzufühlen, unterhält sich gut und es macht keinen Unterschied. Dennoch lade ich an einem Abendessen bei uns noch einen anderen jungen Mann dazu ein, Adriano. Er war bei uns als kleines Kind drei Jahre in der Krippe und wir mögen uns immer noch sehr, er ist ein bisschen wie mein Junge, in der Krippe war er mein Liebling. Er ist ebenfalls ein ganz toller und anständiger junger Mann geworden, und wie ich vorausgesehen habe, verstehen sich die beiden auf Anhieb. Leider hat Qi Sejie nur kurze Ferien; da er noch jung ist und noch nicht lange arbeitet, hat er nur eine Woche Urlaub, und so nehmen seine Mama und er bereits nach vier Tagen den TGV wieder nach Paris. Doch bald wird Guo pensioniert, sie wird wiederkommen, vielleicht mit ihrem Mann, und mehr Zeit haben. Möglicherweise fliegen Laura und ich schon vorher einmal nach Kunming, vielleicht auch später, das hängt davon ab, wie es meinem Vater geht und unserer bald 22-jährigen Katze. Jedenfalls wird diese Freundschaft Bestand haben und wir haben sicher noch viel Schönes vor uns, alle zusammen. Must happy!

Die Autorin

Geboren 1959 und aufgewachsen in Winterthur begann Conny Scherrer nach der Schule eine Lehre im Gastgewerbe. Anschließend absolvierte sie die Hotelfachschule in Luzern. Etwa 15 Jahre lang führte sie eigene Betriebe, unter anderem ein großes Selbstbedienungsrestaurant mit bis zu 4000 Besucherinnen pro Tag, und sie eröffnete in der Innenstadt die erste Bar der Schweiz ausschließlich für Frauen.

Als der Stadtrat von Zürich verkünden ließ, es gäbe in Zürich zu wenig Krippenplätze, eröffnete sie zusammen mit ihrer Freundin Laura, einer Sozialpädagogin, eine Kinderkrippe. Diese führten sie drei Jahre lang erfolgreich und mit viel Freude. In dieser Zeit ließ sie sich wegen kleineren gesundheitlichen Problemen mit Akupunktur behandeln und war so begeistert von dieser Methode, dass sie sich entschloss, eine Ausbildung in chinesischer Medizin zu beginnen. Diese Ausbildung führte sie nach Kunming, China, wo sie Dr. Prof. Guo Cuiping kennenlernte.